京 东

鲁克德 ◎ 著

人力资源管理纲要

华文出版社
SINO-CULTURE PRESS

图书在版编目（CIP）数据

京东人力资源管理纲要 / 鲁克德著. -- 北京：华文出版社，2019.12
ISBN 978-7-5075-5195-2

Ⅰ.①京… Ⅱ.①鲁… Ⅲ.①电子商务—商业企业管理—人力资源管理—经验—中国 Ⅳ.①F724.6

中国版本图书馆CIP数据核字（2019）第216877号

京东人力资源管理纲要
JINGDONG RENLIZIYUAN GUANLI GANGYAO

著　　者：	鲁克德
出版策划：	段会敏
责任编辑：	胡慧华
特约编辑：	裴笑丛
出版发行：	华文出版社
社　　址：	北京市西城区广安门外大街305号8区2号楼
邮政编码：	100055
网　　址：	http://www.hwcbs.com.cn
电　　话：	总 编 室 010-58336239　　发 行 部 010-58336267　58336238
	责任编辑 010-58336197
经　　销：	新华书店
印　　刷：	北京彩虹伟业印刷有限公司
开　　本：	710×960　1/16
印　　张：	14.5
字　　数：	158千字
版　　次：	2019年12月第1版
印　　次：	2019年12月第1次印刷
书　　号：	ISBN 978-7-5075-5195-2
定　　价：	58.00元

版权所有　侵权必究

前言
preface

京东靠什么做起来的——靠人

1998年，互联网经济的大潮汹涌而来，网络门户成了互联网焦点，搜狐、新浪、网易一时风头无两。"海归"张朝阳因为搜狐成为1998年《时代周刊》"全球50位数字英雄"之一，杨致远创办的雅虎自1996年上市以来就受到华尔街的追捧。

1998年，马化腾开始推广一只叫OICQ的胖企鹅；马云还在折腾他的中国黄页，阿里巴巴连影子都没有；而李彦宏还待在硅谷著名搜索引擎公司Infoseek（搜信）当工程师，百度根本就还没诞生。谁也想不到，他们后来创办了中国互联网三大巨头BAT（百度、阿里巴巴和腾讯）。

更没有人能想到，这一年，一个开在北京中关村海开市场4平方米摊位的卖家，会成为后来中国第四大互联网公司——京东，并促使形成新的BATJ（百度、阿里巴巴、腾讯和京东）的统治格局。

2014年5月22日，京东集团在美国纳斯达克上市，按开盘价21.75美元（较发行价19美元，上涨14%）计算，京东市值为297亿美元，是当时中国民营企业在美国最大的一单IPO，也让京东在当时成为仅次于腾讯、百度的中国第三大互联网上市公司。

京东一度被视为传统零售的破坏者。在经历了发展早期被传统零售的轻视和风险投资的辣手催肥之后，飞速发展的京东被视为"中国版亚马逊"，开始了与"巨无霸"阿里巴巴和苏宁电器等垂直电商的市场角逐，并最终成功在美国上市。

在互联网企业纷纷注重轻资产模式的情况下，京东反其道而行，走重资产模式，并最终大获成功，靠的是什么呢？是京东的团队——一支秉持"客户为先、诚信、团队、创新、激情"价值观的高执行力团队。

刘强东曾多次在公开场合说道："作为一家高速增长的公司，外界常常觉得我们会因为发展速度而'疲于奔命'。但实际上，如果问我京东运营体系中哪里最让我'疲于奔命'，一刻也不敢放松，那就是培养团队。如果有一天京东失败了，那么不是市场的原因，不是京东对手的原因，也不是投资人的原因，一定是我们的团队出了问题。"

京东之所以能做起来，靠的就是人。在刘强东看来，公司管理最核心的就是管人，管人的核心是怎么选人、怎么用人、怎么留人、怎么防止"大企业病"，保证信息通畅，减少部门扯皮。

对于一家重资产模式的公司来说，要管好十几万的员工，保持高效的执行力，并不是一件容易的事，但京东却做到了。京东的秘诀是什么呢？就是京东的十四条用人原则：

1.价值观第一原则；

2.Backup原则；

3."七上八下"原则；

4."8150"原则；

5.一拖二原则；

6.ABC原则；

7.NO NO NO原则；

8."24小时"原则；

9.组织五开放原则；

10.两下两轮原则；

11.内部沟通四原则；

12.会议三三三原则；

13.考核铁人三项原则；

14.九宫淘汰原则。

正是凭借这十四条用人铁律和以人为本、先人后企的发展理念，京东才能够打造一支高凝聚力、高执行力的团队，让团队在未来的竞争中也依然充满着斗志、自信和激情，依然坚守"只做第一"的信念，同时又做到谦虚、低调及谨慎，确保京东这辆高速前进的列车能够行驶得更快、更稳、更长久。

目 录
contents

第一章 **价值观第一原则：**
价值观不符合，能力再强也不用

京东的"一个中心，四个基本点" / 003

价值观不符，无异于"废铁" / 007

"铁锈"一分钟都不能留 / 011

京东有个"4S人才观" / 014

"京鹰会"：选择"真正能够一辈子吃苦的人" / 018

国际管培生：引导国际人才的文化融入 / 022

京东校园："即插即用"式人才早培养 / 027

全员文化轮训，让价值观落地 / 031

第二章　Backup原则：
以养小树苗的心态，培养有京东血液的管理者

Backup原则：继任者必须有　/　037

人才发展快速的三条通道　/　041

授权：让一线听得见炮火的人来决策　/　044

赋能：授人以鱼不如授人以渔　/　049

激活：激发组织的狼性作战能力　/　053

第三章　"七上八下"原则：
团队培养，是京东内部最重要的事情

最好的团队是80%的钢和20%的金子　/　059

"七上"：大胆提拔"七成熟"员工　/　062

"八下"：80%的管理者从内部提拔　/　065

京东大学：履行好培养人才的使命　/　069

中欧"京东班"：加速高端人才的培养　/　073

"我在京东上大学"：助力基层员工学习深造　/　076

京东Talk，18分钟改变世界　/　079

"百里夜行军"，坚强意志是练出来的　/　083

第四章 "8150"原则:
更扁平化的组织结构,才是京东需要的

"8150"原则:维持更扁平化的管控模式 / 089

网络化组织结构已成为未来的趋势 / 093

具备增长型组织思维,才能应对变化、持续成长 / 096

创客化团队管理,有力地解决了人的问题 / 100

第五章 一拖二原则:
京东拒绝拉帮结派,也拒绝贪腐

坚持一拖二原则,杜绝"小团体主义" / 107

零容忍:再小的腐败也是红线 / 110

诚信体系再升级:举报人保护和奖励制度 / 113

廉洁奖励:拒绝贿赂,可拿50%奖金 / 117

第六章 ABC原则:
成功,就是关键节点的战略决策不失误

ABC原则:避免一个人说了算 / 123

人岗匹配,把合适的人放在合适的位置上 / 126

如果不让员工试错,就没人敢创新 / 131

第七章 No No No原则：

拒绝傲慢和膨胀，时刻警惕大企业病

第一个No，鼓励内部创新，尤其鼓励微创新 / 137

不仅鼓励内部创新，还鼓励内部创业 / 141

第二个No，促进跨部门协作，保持目标一致 / 146

第三个No，禁止隐瞒情况，保持信息畅通 / 150

第八章 "24小时"原则：

高执行力的关键，在于你是否用心在做

"24小时"原则：在京东生存，最重要的是体力 / 155

高执行力的核心，就是主人翁精神 / 159

高效的执行，就是坚持以用户体验为先 / 162

X事业部：AI技术，决定着企业未来的执行力 / 166

第九章 六大铁律：

让京东更高效的秘密

组织五开放原则：不以开放互通为原则的组织，不是好组织 / 171

两下两轮原则：要想跑得快，多多培养复合型人才 / 175

内部沟通四原则：打破沟通层级，保证沟通效率及有效性 / 181

会议三三三原则：别把时间浪费在无效的会议和PPT上 / 185

考核铁人三项原则：只聚焦最关键的驱动因素 / 189

九宫淘汰原则：识别高潜人才，淘汰问题员工 / 192

第十章 先人后企：
每一个伟大的公司，都是由幸福的员工创造的

最好的企业文化是让员工感到骄傲 / 201

最棒的企业福利是能够"讨好员工" / 204

"'4·28'京东配送员日"：让员工活得有尊严 / 208

动什么，也不能动员工的到手利益 / 211

做好优秀人才离职后的信息跟踪 / 213

参考资料 / 217

第一章 价值观第一原则：

价值观不符合，能力再强也不用

在京东公司，用人价值观第一，能力第二。一个人价值观不匹配的话，我们从来不用。能力放在第二位考核。

——京东CEO 刘强东

京东的"一个中心，四个基本点"

"现代管理学之父"德鲁克在《管理——使命、责任、实践》一书中写道："一个企业组织最好避免做一些不符合本身价值观的事情。对于新技巧和新知识，我们很容易就能学会，但我们很难去改变自己的本性。"企业的价值观可以升级、可以拓展，但从来不会脱离原点——公司在初创阶段注入的灵魂。如果企业在创立之初就形成了正确的价值观，并能长期坚持这种价值观，企业必然会长盛不衰。

京东的发展，就很好地印证了德鲁克的这个观点。在创业之初，刘强东就想到了最重要的两件事：一件是建立管理系统，另一件就是带好这个团队，保持企业文化不变质。因此，京东一成立，就确立了最早的价值观——诚信、合作、交友。

诚信：俗话说得好，人无信不立，事无信不成，商无信不兴。京东自创立起，就一直秉承先人后企、以人为本的理念，以诚信为京东的道德规范和行为准则，来建立与用户、供应商、投资方的合作关系。

合作：在如今这个全球一体化的时代，企业要想在日益激烈的竞争中获胜，必须具备强大的合作能力。对于合作，京东的理解是"竞合共赢"，就是不仅要协同战略合作伙伴密切合作关系，还要与对手在充分竞争的基础上展开合作，联合互补，共赢发展。

交友：做生意其实就是做人，而且是做好人。如果把京东看成是一个高速运转的机器，那用户、员工、投资方、供应商就是这个机器不可或缺的组成部分，只有彼此配合良好，才能保证京东这个庞大机器的高速运转。因此，京东特别注重与用户、员工、投资方、供应商的情感交流，致力于将生意圈转化为朋友圈，而不是纯粹的生意往来。

到了2009年，刘强东对京东的价值观进行了升级，提出了五星管理法：拼搏、价值、欲望、诚信、感恩、坚持。同时，京东开始引入价值观考核，并借鉴通用电气的人才评价模型搭建了框架：纵轴是业绩能力，横轴是价值观。

京东的价值观

诚信　正直坦诚　勇于担当　信守承诺
团队　以人为本　互信合作　大局为重
客户为先　消费者 供应商 卖家　感恩 服务 成就
激情　只做第一　享受工作　永不放弃
创新　不断改进　持续学习　包容失败

到了2013年，京东团队迅速扩大，尤其是管理团队杂糅了诸多来自外企的空降高管，使得京东原有的公司文化被大大稀释，公司内部的文化冲突也日益明显。为了解决这种文化冲突，让京东未来能够更好地站在国际舞台上，实现京东的梦想——做世界的京东，京东开始在公司内部进行文化梳理，希望用一种全世界都能听懂的语言描述京东的企业文化，京东的新版价值观便随之诞生——"客户为先、诚信、团队、创新、激情"，这就是京东的"一个中心，四个基本点"。

客户为先：对于消费者、供应商和卖家，京东要心怀感恩，主动服务，成就极致的客户体验，这是京东一切工作的出发点和评价标准。

诚信：要求京东每个员工必须具备正直坦诚、勇于担当、信守承诺这三个基本品质，这也是京东经营的基本商业准则。

团队：管理者在管理团队时，必须坚持以人为本、互信合作、大局为重三个原则，这是京东取得持续成功的基石。

创新：要想培养团队的创新能力，就要培养员工不断改进、持续学习、包容失败的能力，这是京东保持核心竞争力的源泉。

激情：为了达成京东"让生活变得简单"的使命，每个京东人都要带着只做第一、享受工作、永不放弃的激情去工作，这是京东人完成挑战、追逐梦想的强大驱动力。

从京东价值观的升级过程，我们可以发现，其实京东的核心价值观从未改变，就是"用户第一"。因为在京东看来，自己真正的竞争对手就是用户需求的转变，只要你跟得上用户需求的转变，不断致力于提升用户的体验，在用户想到之前就提前满足用户的需求，那你自然能立于不败之地。这也是京东为什么重视价值观的原因。

在京东看来，公司如何对待员工，员工就会如何对待客户。京东之所以能够为用户提供愉快的购物体验和服务，就是因为京东有强大的订单生产效率、快速的物流配送和贴心的售后服务，而这一切都要依靠员工来做到。因此，让员工认同京东的价值观，是企业管理的第一步，也是最重要的一步。

当然，让员工认同京东的价值观，不是大家喊喊口号就能完成的，而要落实到公司的制度上，通过各种形式来宣传、激励，通过培训来灌输，使其成为员工个人发展中的一个重要维度。当一个员工认同所在企业的价值观，并以此为目标及行为准则，很快就能成为企业里优秀的员工，为企业的发展做出卓越的贡献。

正如京东集团人力资源部副总裁刘梦说的："价值观好的一个企业是有非常强的纠错能力的企业，尤其面对现在这个变化来得如此迅速和剧烈（的时代），一群有着相同价值观和理念的人走在一起，他们克服的一些困难、做的一些创新，很多时候推动我们所有的业务或者商业模式出现很多新的变化。"

确实，无数的例子证明，在如今这个飞速发展的互联网时代，企业要想打造一支富有竞争力的团队，一定要寻找与公司的价值观一致的人才，因为只有价值观的统一，才能激发他们在你的平台上做出最大的贡献。

价值观不符,无异于"废铁"

2017年5月8日,京东在连续亏损了十一年之后,终于在2017年第一季度实现了赢利——净利润14亿人民币。

2016年,京东还处于成立后的最低潮,一年后(2017年),京东就迎来了它的历史高点——它的股价在过去一年累计上涨超过九成,2017年6月25日收市时的市值是609.6亿美元,距离中国市值第三的互联网公司——百度(617.9亿美元)只差8.3亿美元。

在日新月异的互联网时代,是什么支撑着京东这样一家互联网公司熬过了那漫长的十多年的低潮期,走向火箭式腾飞的发展期?不管是媒体还是电商业界,都一直有一个疑问:为什么京东能够获得这么多成功?更有人直截了当地问道:凭什么是京东?

对于这些疑问,京东集团董事局主席兼首席执行官刘强东给出了答案——团队。

如何保证团队不出问题呢?京东的做法是,用价值观凝聚团队。

要想用价值观凝聚团队,首先要保证一个前提:价值观一致。在如今这个互联网时代,京东坚信要想打造一支具有竞争力的团队,必须要寻找符合公司价值观的人才,因为只有统一的价值观才能激发他们在你的平台上做出最大的贡献。

因此，京东在人才的选择上，一直秉持一个原则——"价值观第一，能力第二"。只有当一个人的价值观与京东的价值观相匹配时，京东才会考虑他能力是强还是弱的问题。反之，如果一个人的价值观与京东的价值观不匹配，京东是绝对不会考虑的。

为了挑选到符合京东价值观且能力强的人才，京东专门制定了一张选人、管人的表格——能力价值观体系。京东选人、留人，包括辞退，其实用的都是这张表格。

京东的能力价值观体系，就是通过能力、业绩和价值观体系量化衡量标准，将所有人才分为五类：金子、钢、铁、废铁和铁锈。

金子，就是那些价值观很符合（能力价值观在90分左右），业绩能力也很好的人。这类人是京东团队的核心和主体，一般来讲，比较稳定的结构是占80%。

钢，就是那些能力、业绩、价值观都不错的人。这类人占京东员工中的大多数。

铁，就是那些价值观不错但是能力稍差的人。对于这类员工，京东一般会给予至少一次转岗机会。比如说，一个人负责采销工作，但因为能力不够，业绩总是上不去，那怎么办呢？这时京东会征询这个员工是否有别的喜好和才能，如果有，就给他一次转岗的机会——根据他的喜好和才能调去别的部门；如果没有，那京东就会给他一次培训的机会。总之，京东至少会给他一次机会。不过，当这个人接受了一次转岗或者培训之后，绩效仍然达不到要求，京东就会立即请他离开。

废铁，就是那些能力不行、价值观也不符合的人。对于这类人才，京东一般不会选用,即使选用了,也很快会通过后续的观察而放弃。

铁锈,就是那些能力很强但是价值观不符合的人。这类人是京东坚决不录用的,因为他们善于潜伏和伪装,对公司团队具有极强的腐蚀力——他们能力强,口才又好,会有机会成为群体领导,也就可能会对公司造成很大的破坏。

京东会对进入公司的每一个员工进行一次价值观匹配度的考核,比如通过问卷调查来考察他的价值观,或是在三个月试用期内通过考察他在日常工作中的言行来判断他的价值观,这样基本就能判断这个人的价值观和京东的价值观是否匹配。对于不符合京东价值观的人才——废铁和铁锈,京东总是毫不犹豫地辞退。

谷歌董事长埃里克·施密特在《重新定义公司》一书中曾详细列出了谷歌的招聘准则,其中最重要的一条就是:"雇用那些能对产品和文化带来价值的人,不要雇用那些无法为产品和文化带来积极影响的人。"

美国通用电气历史上最年轻的董事长和CEO杰克·韦尔奇,之所以能让美国通用电气公司的排名从世界第十提升到第一,也是因为他深谙这一点。有一次,他在全球高级领导人参加的年终大会上说:"大家可能注意到有几个熟悉的人今年没有来,因为他们已经离开了公司。他们的业绩虽好,但价值观有问题,比如个人英雄主义、不愿进行团队合作等,虽然这些人能够在短期内给公司带来效益,可从长期来讲是有害的,最终还是决定让他们离开。"

谷歌和美国通用电气的用人原则,和京东"价值观第一,能力第二"的原则可谓是不谋而合。

在京东，所有员工都必须时刻牢记一句话——"您对价值观的坚守，正在帮助我们成为一家伟大的公司"。在京东，所有管理者都必须遵循一个基本原则——"京东价值观是指导所有京东人行为的'圣经'，每一位管理者都应该积极传递京东价值观，并在实践中以身作则"。

之所以要这样，是因为京东深知，一个企业的员工只有在价值观上达成一致，才能产生强大的凝聚力，达到一种全体员工上下一心、积极向上的状态。古语云："上下同欲者，胜。"只有全体达成共识，劲往一处使，企业才能顺利发展。而要想达到这样的效果，需要的是团队凝聚力。而团队的凝聚力来自团队成员自觉的内心动力，来自共同的价值观。

"铁锈"一分钟都不能留

前面已经提到,京东通过能力价值观体系,将所有人才分为五类:金子、钢、铁、废铁和铁锈。"金子""钢"越多越好,"铁"要保留培养,"废铁"要排除,"铁锈"则是坚决不能留,一分钟都不能留,因为"铁锈"对团队有着极强的腐蚀力。

不过,京东需要严防的不只是"铁锈"型人才,还有内部员工的"铁锈化"——当"铁"运用不当就会成为"废铁","废铁"安置不当就会"铁锈化",对团队产生负面影响。

2017年2月10日,在京东集团的年会上,刘强东在展望了京东的无人传站车、无人机等智能技术后,承诺道:"在整个京东集团技术发展过程中,我绝不会因为要减员而开除任何一个兄弟。"

不过,刘强东的这个承诺,也是有前提的,"我可以保证京东不会有人因为技术而失业,对所有员工只要进行三天到一个季度的培训,他就可以像今天的客服一样坐在非常好的办公室里只是盯一下屏幕、看一下远程监控而已,所以大家无须恐惧,技术只会让我们收获,让我们的工作更加美好"。也就是说,只要你有京东需要的技术,你就不会被淘汰,但如果你没有京东需要的技术,那被淘汰就是自然而然的事了。

刘强东是一个重感情的人,因此早期的京东一直强调只要员工不贪污，就永远不会被开除，而且早期的京东确实很少开除人。但如果一个员工的绩效考核不过关，怎么办？那就轮岗。和许多其他的互联网大企业不同，京东实行的不是末位淘汰制，而是轮岗制。如果你绩效考核不达标，但是你没犯什么原则性错误——贪污、拐骗、违法犯罪（这其实是作为一个人、一个员工最基本的行为准则），那就换个岗位，换个岗位还是不行，那就再换一个岗位。一个员工轮岗的次数多了，其实就陷入了一种半退休、半养老的状态——没有为京东创造价值，个人的才能也几乎被埋没了。

这其实是对资源的双重浪费，无论是对员工还是对京东，都是不公平的。每个人都是有价值的，如果一个人在京东多次轮岗后绩效考核还是不达标，很可能是因为京东不适合他，或者是他现在的能力不符合京东当前发展阶段的需要，可能他去到其他公司，反而会成为业绩突出的优秀人才。

而且，对于一个在京东干了多年的老员工来说，当他在京东找不到合适的位置，无法体现自己的价值，无疑也会是十分痛苦的。但他们也很难做出主动离开京东的决定，因为离开的成本实在太高了。京东对老员工是很看重的，给了老员工很多股权，而京东又是一个高速发展的企业，如果他们选择离开，就意味着要放弃很多即将到手的财富。没有人会这么傻，于是很多处于半退休、半养老状态的老员工就这样纠结着留了下来，继续着对资源的双重浪费——既浪费京东的资源，也浪费他们自己的能力资源。

可以说，这些人已经成了京东的包袱。而京东这列高速奔驰的列车要想跑得越来越快，就必须要卸下这些包袱。于是，京东在一番权衡之后，果断清退了那些在多次轮岗后依然找不到自己位置的老员工。当然，对于这些老员工的股权问题，京东也都提前兑现了。

京东之所以会果断地卸下这个包袱，是因为京东发现这些老员工在多次轮岗失败后，变成了"废铁"，更可怕的是他们渐渐有了"铁锈"的腐蚀力——给整个团队带来了极大的负面影响，大大降低了团队的士气。试想，当大家都在争分夺秒地干活、加班到很晚的时候，而有一些人却因为手握公司的股权而在上班时间不务正业，一到下班点就走人，这势必会影响大家的工作热情，久而久之，团队的士气就被消磨掉了。京东绝对不允许一个团队没有斗志，因此，那些影响士气的"铁锈化"的人必须离开。

京东有个"4S人才观"

作为一家飞速奔跑中的互联网公司,京东面临的最大问题,其实不是"人才少"这样基本层面的问题,而是高级层面的问题——如何公平、公正地把公司的人才挖掘出来,并给他相应的舞台,这是所有企业都必须要做的"内修"。

为了解决这个问题,京东于2013年开始了内部的人才盘点项目。项目团队对京东的许多管理者进行了访谈,发现每个管理者对人才管理或多或少都持有不同的看法。于是京东集团人力资源部副总裁刘梦在和项目团队进行讨论后,做出了一个决定:帮助京东的管理者们形成一致的人才发展理念,并将这些理念变成朗朗上口、简单易记的标语,在公司内部进行大力宣传。于是,项目团队对京东的管理团队进行了一次问卷调查,收集到了管理者们在人才管理工作上存在的各种难点和期望等一手信息。

在对调研结果进行了一番梳理后,刘梦又有了新的想法:"正如每个公司有文化价值观,我们可以将最终的标语定义为人才观。"在刘梦看来,京东最初来自咨询公司的"人才观"——一个由选才观、育才观和励才观组成的三角形模型,包括重德重才选拔人,全心全意培养人,能上能下激励人等内涵,这种放诸四海而皆准的话语,根本体现不出独特的京东范儿。

第一章 价值观第一原则：价值观不符合，能力再强也不用

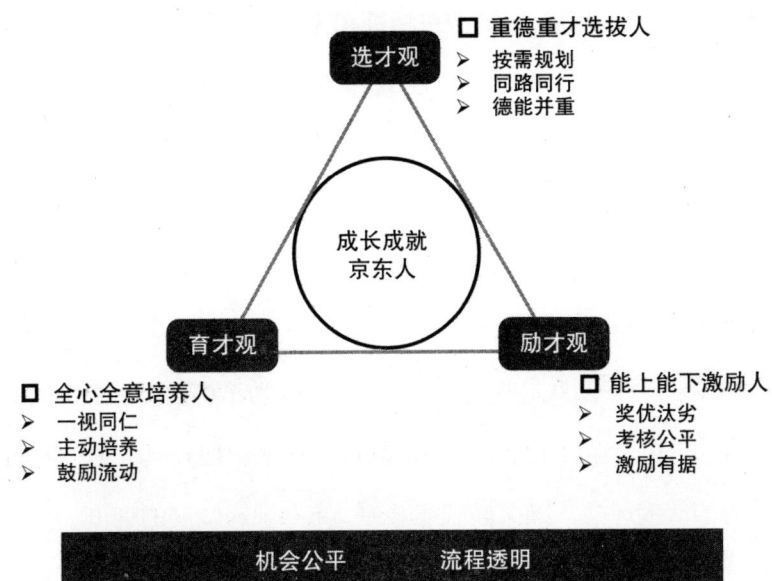

京东需要的，是一个独特的能体现京东精神的人才观。因此，刘梦召集了一些人力资源同事，专门开了一场讨论会，最终确定了京东特有的"4S人才观"——Style、Stage、Speed、Success，并在京东内部快速传播开来，成为京东独有的人才文化名片。

> JD Style：寻找京东范儿

> JD Stage：不管你是谁，只要优秀就有舞台

> JD Speed：以京东的速度，让你成长

> JD Success：从事平凡的工作，收获不一样的人生

"4S"共有四个层面的含义：

JD Style——寻找京东范儿。不管你就职于京东哪个岗位，只要你表现出突出的才能，做出突出的业绩，就具有了京东范儿。比如，一名工程师

的京东范儿，就是具有持续的改进精神和突出的创新能力；一名配送员的京东范儿，就是凭借独特的配送技巧获得单量高的配送业绩；一名打包员的京东范儿，就是凭借独特的打包技巧在单位时间内打包数量最多。

JD Stage——不管你是谁，只要优秀就有舞台。只要你在工作中表现出了京东范儿，就会获得相应的发展舞台。你的能力提升得越快，京东提供给你的舞台也会越来越大。

JD Speed——以京东的速度，让你成长。为了帮助员工更快地走向更大的舞台，京东会为员工提供相应的培训，在快速提升其能力的同时改善其工作中的薄弱环节，确保他们能够跟上京东飞速发展的脚步。

JD Success——从事平凡的工作，收获不一样的人生。京东希望帮助每一个京东人能在平凡的岗位上做出非凡的事业，获得出彩的人生。比如，京东的快递员宋学文通过干好配送这份工作，获得了全国五一劳动奖章。

京东"4S人才观"背后的支持逻辑与核心理念是"成长成就京东人"。可以说，每一个"S"背后，都蕴含着丰富的京东文化和京东故事。

自古以来，无论是在政界，还是在商界，都是"得人才者得天下，失人才者失天下"。因此，古往今来的成大事者，都懂得爱护人才，因才而用，给予有用之才足够的尊重和利益，让他们为自己创造无限的辉煌和财富。

进入21世纪后，有无人才成为了一个企业成功与否的关键。对于企业来说，资产只是一个数字，人才是真正的财富。一个拥有庞大资产的企业往往都有着非常雄厚的实力，但如果它不重视人才，或是缺乏各种人才，那它的兴盛必定是暂时的兴盛。与此相反，如果一个企业虽然拥有较少资产,但重视人才,那它必定会拥有更好的发展前景。

微软的电脑操作系统之所以能雄霸全球,就是因为微软创始人比尔·盖茨及其后来的继任者都深知一点:"人是世界上最宝贵的东西,只要有了人,什么人间奇迹都可以创造出来。"企业的竞争,归根到底是人才的竞争。每个企业都在寻找那些能够推动企业发展,为公司创造最佳业绩的员工。企业所需要的人才并不全是牛顿、爱因斯坦那样的高端学者,只要是能积极找方法解决问题和困难的员工,对企业来说都是人才。因为只有这样的员工才能够为企业创造更好的效益,才能成为推动公司发展的关键力量。

而如何寻找到那些能够推动企业发展、为公司创造最佳业绩的员工呢?答案就是,像京东那样,打造一个独特的人才观,吸引价值观相同的人进来。毕竟,这个世界的规则就是"物以类聚,人以群分"。

"京鹰会"：选择"真正能够一辈子吃苦的人"

2016年8月初，"张雱"这个名字突然火爆了微博和微信朋友圈，因为网上的一个帖子声称"京东旗下52家关联公司法人代表或执行董事，从京东董事长刘强东变更为张雱"。人们将她看作是京东版"杜拉拉""京东霸道女副总裁"，大家好奇这个89年出生的小女生凭什么工作五年就干到了京东"二当家"的位置。

然而，这只是外界的过度揣测而已。

京东之所以要更改法人，只是为了提高公司运营效率，缩短内部签字流程，而非对核心的实体的法定代表人进行变更，这些变更符合公司法及相关章程的规定，且对公司运营没有影响。

张雱，不是什么"京东霸道女副总裁"，而是刘强东的助理，京东的管培生之一。

京东的一个管培生，就能扛起如此巨大的法人重任？人们不由得开始关注起京东的管培生，然后发现：京东在美国纳斯达克上市时，站在刘强东身旁的京东投资者关系总监李瑞玉是第五届管培生；京东并购1号店后，出任1号店CEO的余睿是京东第二届管培生；京东商城人力资源与行政管理部负责人季尚尚是京东第三届管培生；身为刘强东助理的张雱是京东第五届管培生。这些年纪不过30岁上下的年轻人，都是通过京东的管培生制度走上了一家世界500强公司的管理岗位。

早期的时候，随着高速扩张，京东因为缺乏足够的中坚力量可以说是吃尽了苦头。因此2007年第一次融资成功后，京东就立即启动了管培生项目——"京鹰会"，简称TET（Trainee Eagle Team），招聘了第一届管培生。

将管培生项目作为京东战略级的人才项目，目的是在京东内部培养高度契合京东价值观、真正熟悉京东业务，推动并实现京东战略落地的中高层管理者。而京东的管培生项目自立项以来，确实为公司的多个核心业务部门培养了一大批优秀的管理人才。

不过，在花钱这件事上，刘强东一直是很谨慎的，因此第一届管培生只招了两名。在他看来，管培生前两年基本是培训，成本很高，当时的京东公司规模小，没法承担太多的人才培育成本。但很快他就尝到了节省人才培养成本的苦头，于是第二届管培生的名额一下子上升到了八个，之后的管培生名额更是节节攀升。

不过，管培生名额的增多，并不意味着质量的下降。在挑选管培生时，京东主要用五个维度来衡量：

第一，沟通能力；

第二，逻辑分析能力；

第三，学习能力；

第四，团队合作精神；

第五，团队管理能力。

此外，在选拔管培生这件事上，京东一直有一个重要标准，就是要选择那些"真正能够一辈子吃苦的人"。因此,京东的大多数管培生都来自普通家庭——他们的父母都是普通工人或农民,很少是那种可以三五年不工作家里都还能吃好喝好的人。刘强东本人出自寒门,所以也偏爱"寒门子弟",特别注重员工的拼搏和奋斗精神,他曾在员工大会上说:"来京东工作的同事,可能没有谁是高干子弟,学历也不一定高,唯一可以做的就是拼搏,唯有奋进才能不断进步。"

从2010年开始,管培生项目还增加了淘汰环节——管培生主职两个月后要进行考试,不仅有主管评分,还有管培生互相打分。如果被淘汰,你可以选择离开,也可以选择留下来,成为普通员工。

对于留下来的管培生,京东以领导阶梯为培养阶段,以从实践中成长为指导理念,制定了三年培养计划——"鹰计划"培训体系,一年一个阶段,按照主管、副经理、经理来培养,具体的培训包括轮岗历练、项目竞赛、职务拓展、影子计划、高管助理、京鹰沙龙等,让他们深入到核心部门了解、熟悉、学习公司运作流程以及管理经验,一方面促进他们个人角色的不断转换、加深多业务领域的理解,另一方面全面提升他们的领导力,打造复合型管理人才。

如果管培生没有达到既定目标,京东还会安排专人来和他进行沟通,指出其问题所在。京东还从副总裁和总监层级选择出优秀管理者做管培生的精神导师,每个人带1~3个管培生,定期和他们吃饭,指导他们。

管培生还有一项特权——他们每周都要写周报、每年年底都要写年终总结给刘强东,有时候会得到刘强东的回复,因此在京东内部甚至流传一句警言——"防火、防盗、防管培生"。

三年培训计划结束后，京东会根据管培生的特长、能力以及个人意愿分配到各个部门定岗工作，并给予专业的培训、考核，通过快速的职业晋升通道，培养优秀的管理和专业人才。

从结果来看，京东管培生的整体表现没有让刘强东失望。京东统计过，在同样的职位等级，京东管培生比普通员工平均年轻4~5岁，离职率也是普通员工的一半。截至2016年8月，在京东十届管培生计划招收的436名管培生中，一半的人已经成了京东经理级以上的管理者，其中20多位达到了总监级别，有两位甚至已经晋升到了副总裁级别。

在历届的京东管培生中，2008年的第二届管培生是成才率最高的一届，因为这一届的管培生是轮岗最扎实的一届，一线的操作岗位全都干过，是最能吃苦的一届。这也印证了京东挑选管培生的那条重要指标——要选择那些"真正能够一辈子吃苦的人"，是无比正确的。

国际管培生：引导国际人才的文化融入

2014年12月17日，在北京的一场众筹早餐会上，京东与"小额信贷之父"尤努斯创立的格莱珉银行正式签订了战略合作协议，推出中国农村小额贷款业务。对于正积极推动渠道下沉和发展互联网金融的京东来说，格莱珉这种独特的金融模式对京东大有帮助。

然而，尤努斯原本中意的合作伙伴是阿里巴巴，而不是京东。尤努斯为什么会改变主意呢？因为有一个人说服了他，这个人就是京东第一届的国际管培生邱煌。

邱煌在美国麻省理工学院斯隆商学院念MBA时，曾在尤努斯教授手下工作过两个月，并参与了格莱珉基金中国市场计划的制定工作。因此，当他收到尤努斯将来访中国的消息时，马上感到这是京东的一个好机会，当时京东正在推进渠道下沉，计划在2015年将农村电商作为主要发展方向，这与格莱珉基金的信贷扶贫战略正好相符，如果京东能与格莱珉基金建立商业联系，无疑是如虎添翼。于是，邱煌立即写了一份详细的报告，并直接发给了刘强东，而刘强东也很快给予了回复：全力推进。由于与格莱珉中国区CEO及尤努斯是旧识，所以邱煌很快就见到了尤努斯，表明了京东渴望与格莱珉基金合作的意图。尤努斯在仔细听了京东未来的战略计划后，同时也被刘强东的寒门背景所触动，最终同意了这次合作。当时邱煌才加入京东不到四个月的时间。

这就是人才国际化的威力！

其实，在如今这个全球化的时代，所有企业在国内取得一定成就和地位之后，国际化就成了必然要走的一条路。京东也不例外。刘强东一直有一个梦想，就是让京东成为一个伟大的企业，而一个伟大的企业必然是一个国际化的企业。

有人问刘强东："我们做国内业务，只要一努力绝对可以做到第一名，而且可以赚很多很多钱，为什么要走向国际化呢？"

刘强东回答道："十年之内，我们不做国际业务，整个京东会过得很好。但是如果没有努力去迈出国际化这一步，去做一个国际公司的话，十年之后我们一定会面临很大的挑战。"

在刘强东看来，这个"很大的挑战"来自京东的竞争对手——亚马逊。虽然目前亚马逊在中国市场的劲头不如京东，但它的全球市场做得很好，如果有一天亚马逊在全球其他市场都实现了盈利，那它必定会调动所有的力量来打击京东这个竞争对手，夺取中国市场。可以说，是否迈向国际化，决定着十年之后京东是继续荣耀还是遭受耻辱。

京东当然不想遭受耻辱，想要继续荣耀下去，国际化就成了必然。而要迈向国际化，最首要的就是招揽国际性的人才。要成为世界级的企业，人才必须先行，因为如果没有足够的人才，战略就无法落实。尤其是对于高速发展的京东来说，要想真正实现全球化，需要大量的有跨文化及国际化背景的人才加入才行。

因此，当2013年刘强东意识到国际化战略风口可能会来临时，就立即启动了国际管培生计划（International Management Talent），简称IMT计划。

2013年10月，时任京东首席人力资源官及首席法律总顾问的隆雨带领六位京东高层远赴美国，从美国的西部到东部，走进哈佛大学、斯坦福大学、麻省理工学院、加利福尼亚大学洛杉矶分校、宾夕法尼亚大学沃顿商学院等名校，进行了为期十二天的校园宣讲及品牌推广，最终选出了第一届的六名国际管培生，他们都是来自沃顿商学院、斯隆商学院等知名学府的MBA应届生。

京东之所以选MBA商学院的学生，而不选应届毕业留学生，是因为MBA商学院的学生在读MBA之前都有三到五年的工作经验，早已成为他们所在领域的精英，有着非常突出的领导力潜质和业务潜质，因此他们能很快适应京东全球化紧迫的步伐；而如果选应届毕业生，就需要系统性地培养他们对职场的感觉，京东花不起这样从零开始培养的时间。

在选择国际管培生上，京东有四个标准：

1.接地气，符合京东的价值观，并且认同京东的梦想，也就是职场适应性要好。

2.拥有优秀的洞察力、分析力和逻辑能力。只有这样，才能通过大数据做出正确的决策，并不断挖掘新的机遇。

3.对成功渴望的指数也必须要高，要有狼性。尽管京东强调多元化，但也只会选择不同的"狼"，而不会选择"绵羊"。

4.对新鲜事物要保持足够的好奇心和学习的能力，才能跟得上京东快速发展的脚步。

对于这群经过精心挑选的具有全球化背景的人才，京东希望他们能成为下一代的中坚力量。因此他们一进入京东，刘强东就给了他们极大的信任，建立了一个只有他们7人的微信群，直接听取他们的想法。

为了让这群国际管培生快速适应互联网行业及京东的做事节奏，京东设置了三个阶段的训练：

1.集中培训：首先，让京东不同业务部门副总裁以上级别高管对国际管培生们进行为期一周的密集培训，帮助他们快速了解京东旗下5个子集团下最少18个业务部门的内容。

2.集中轮岗：集中培训之后，管培生们就要前往京东几个核心部门进行为期三个月的集中轮岗，深入了解核心部门的业务内容。

3.自由轮岗：集中轮岗之后，就是为期半年的自由轮岗，这时国际管培生们对京东的核心业务已经有了比较清晰的认知，因此可以根据自己的兴趣及未来发展的考虑选择轮岗的部门和时长，并且京东为每个国际管培生都配备了一对一的高管导师，给他们提供一些职业建议和学习机会。

而这些国际管培生也确实没有辜负刘强东的信任。第一届国际管培生中的4人参与到京东全球购业务中，带领京东80人团队，在102天内正式上线了"京东全球购"，并在2015年"6·18"大促当天，实现订单量突破6万单的佳绩。2014年选择第二届国际管培生时，京东的选择范围从美国东西部各大知名院校拓展到了英国，还分为定向培养和综合培养两种。同时，京东还带去了TET（京鹰会）和JD RUN暑期实习计划（京锐实习夏令营）——这两个项目原本只针对中国学生，这也进一步提高了京东可能吸引海外人才的概率。

京锐实习夏令营通过邀请优秀的海内外在校生来京东进行为期六周的暑假实习，让更多的优秀学子有机会体验京东的核心业务并了解京东的价值理念，同时也为京东集团的未来发展储备了一支精锐之师。京锐实习夏令营包括三大内容：

1.角色体验（Role Experiencing）——接触核心板块，结识业务精英，体验京东配送；

2.组队挑战（Union for Challenges）——加入多元团队，组队参加挑战，锤炼商业嗅觉；

3.持续支持（Nonstop Support）——接受优质培训，享受优厚待遇，获得全职工作。

京东这种尽最大努力培养国际人才的行为，也印证了京东"先人后企"的理念，因为京东永远坚信一点："只要我们拥有最优秀的团队，无论进入哪个国家的市场，最后都会取得成功。"

京东校园："即插即用"式人才早培养

"京东这列火车，很多时候都在保持280迈的速度往前冲，我们要随时准备给它换车轮。"曾任京东首席人力资源官及首席法律总顾问的隆雨如是说。

显然，京东的"车轮"，指的就是京东的人才储备，京东不仅需要通过管培生、国际管培生来储备中高层的管理人才，也需要储备大量的基层人才。众所周知，中国当前的大学毕业生的职场适应性普遍较差——在学校学习的内容和实践环节与企业的需求严重脱节，面对纷繁复杂的实际情况时无从下手，往往需要企业花费大量的时间来进行培养。这对于追求效率、追求成本控制的京东来说，显然是不划算的。对于快速发展中的京东来说，最需要的是像U盘那样的"即插即用"式人才。

之所以会出现理论与实践脱节的问题，主要原因是一些高校存在教育理念滞后、重理论轻实践的问题。那么，该如何改变大学生缺少实践经验、理论与实践脱节的现象？高校需要强化各个专业的实践环节，彻底解决理论与实践脱节的问题，促进学生各方面能力的全面发展，为企业输送真正合格的人才。

企业又该如何培养实践经验丰富、"即插即用"式的人才呢？这需要企业联手各高校建立创新型"产学研"合作人才培养模式，也就是进行职业培训，提高学生的实践能力与社会适应能力。职业培训由于具有很强的行业针对性，又多采取根据企业订单来培养的模式，因此培养出来的学生都是"即插即用"式人才，能够快速满足企业需求。

于是，京东推出了京东校园生态项目，联手西北工业大学、中国矿业大学、广东财经大学等众多高校启动一系列校企合作培养项目，来提升大学生的实践能力，比如向合作院校提供选修课表、经验分享，为合作院校提供实训基地、就业机会，在合作院校开展京东定向培养实训班、培训班，实现产教合一等方式，来帮助院校整合教学资源。

下面，我们就来看看京东做得比较出色的一些校企合作项目。

京东班

根据国家职业教育改革与发展"合作办学、合作育人、合作就业、合作发展"的精神，京东从2010年5月开始在全国范围内广泛开展校企合作。截止到2017年9月，京东已在11省与58所高校签订了校企合作协议，在全国30多个院校设立了京东班，并在3个院校正式成立京东电商学院，努力做到校企资源共享，培养具有良好的职业道德、扎实的专业知识、较强的动手能力、能为企业所用的实用型人才，达到以需促学、学以致用的目的，从而打通"产学研"结合的多赢途径。

京东校园实训中心

京东与陕西财经职业技术学院、山东海事职业学院、广州商学院、重庆商务职业学院等众多职业培训学校开展校企合作，以共建、共用、共管的方式建设"校园实训中心"，以直观形式全方位展现京东客服的整个服务过程，丰富学生的电商实战经验，缩小学生的能力与京东所需人才的能力之间的差距，为学生今后走上工作岗位打下了坚实的基础。

仓配客一体化体验中心

为了快速培养电子商务、物流管理、市场营销等方面的专业人才，京东与山东水利职业学院、无锡商业职业技术学院等院校合作设立了京东仓配客一体化体验中心，将京东的前沿电商运作模式及热点业务群相结合，让学生在亲身实践中立体全方位地感受电商全流程运作模式，有效提升学生的职业素养和专业技能，为企业培养适应商业新需求的高素质技术人才。

创新创业实训孵化中心

为了培养大量高素质人才，京东又与长江职业学院、陕西国际商贸学院、苏州经贸职业技术学院等多所职业培训学校建立了创新创业实训孵化中心，致力于将其打造为校企研发基地、实训基地、人才培养基地、大学生创新创业的孵化基地，为大学生创业提供专项孵化基金平台及专业咨询培训，帮助在校大学生实现创新创业的梦想。

无人机教学实验中心

为了解决快递的"最后一公里"的问题，突破发展瓶颈，延续优势，京东一直致力于发展无人机送货技术，也就需要大量的无人机研发、生产、装配、维修、操作、保养等方面的人才。于是，京东与淮海技师学院等院校合作建立了无人机教学实验中心，将学校的无人机理论技术与京东自身在无人机的研发生产经验、京东的电商运营模式相结合，共同培养高素质的专业人才。

京东电商学院

为了更加系统地进行专业型、技能型、应用型人才的培养，京东在京东班、京东校园实训中心建设的基础上,与北京物资学院等院校合作建立了京东电商学院。京东电商学院依据京东价值链,采用定制化、个性化的"专业教学+定制教学+企业实践"的复合型人才培养模式,推动电子商务和现代物流产业升级,促进商业模式创新。

京东助学e计划

为了开拓勤工助学新思路,给予家庭贫困的优秀大学生提供"自己挣钱上大学"的机会,京东在宿迁开放大学、山东海事职业学院、山东水利职业学院等多所院校开展了京东助学e计划,实现青年人"有学上、上好学、有能力、展才华、有钱挣、花得好、先给钱、后干活"的PDCA校园生态闭环,也为京东打造了一个有情有义的雇主品牌。

京东的这一系列校企合作是一个多赢的战略——学校、学生和京东都是受益者。学校获得了更丰富的教学资源,大大提升了实践教学能力;学生获得了勤工俭学的机会,在实践中深化学习知识,丰富实战经验,为今后走上工作岗位打下了坚实的基础;京东则在节省大量的人力成本的同时,迎来了更加适应企业发展的高素质人才。

互联网时代的竞争,一直都是人才的竞争,只要抓住了人才这个核心竞争力,就能一直立于不败之地。

全员文化轮训，让价值观落地

1998年，京东起步时仅有几名员工；到2010年，京东的员工已经有3000多人；到了2013年，京东已经成为近3万人的大公司；到2017年3月31日，京东的员工已经多达122405人。

企业员工数量的激增，势必带来企业文化稀释的问题，这也是刘强东最畏惧的问题。

如何解决这个问题呢？京东提出的解决之道是，制定文化养成战略，让灵魂跟上发展的脚步。

2013年，当京东的新版价值观——"客户为先、诚信、团队、创新、激情"诞生之后，京东就开始了全员文化轮训——在五个月的时间里，从刘强东的首讲开始（2013年4月，刘强东身先士卒，对所有总监级的员工开设了文化大讲堂，亲自推动价值观的进一步落地，进行了京东文化的首讲，又专门以"客户为先"为主题，连续在多场文化轮训上进行讲演），到各团队梳理出符合京东价值观的十条部门具体行为标准，京东顺利完成了全国5000多场文化轮训，使得3.3万名京东员工全部接受了价值观的轮训，让员工对京东价值观的坚持和坚守从抽象走向具体——让京东的价值观不再是挂在墙上的一幅图，而是深入到了员工的心里，具化成了员工的一言一行，从而实现了企业价值观的全面落地。

京东不仅希望员工清楚地认识到价值观的内容，还要带动员工践行价值观的要求。因此，2014年京东进一步推进企业价值观的落地，将2014年定义为"行为改变年"，通过推行"价值观行为积分计划"促进员工在行为上发生改变——变得符合京东的价值观。

对总监级以上的高管，京东增加了三条绩效考核的基本指标：

1.每年必须为本团队或其他团队进行至少一次的价值观培训，分享自己对公司价值观的认知，这其实对高管自己也是一次最好的价值观培训；

2.每次京东大促期间，所有高管都要前往一线支援，亲身体验京东最基层的打包、配送、客服等工作，检查京东"客户至上"的理念是否在基层得到了很好的体现和贯彻；

3.每个高管根据管辖员工的数量，领取一定数量的价值观积分卡片，根据员工的表现和行为，针对看到的细节，分发价值观积分卡作为奖励和表彰的一部分，而员工的积分卡在年底可以通过兑换得到各种鼓励。

价值观积分卡的首页，是非常有互联网气息的符合价值观词条的插图，以及刘强东对所有京东人的一句话："您对价值观的坚守，正在帮助我们成为一家伟大的公司。"首页的背面是京东的愿景、使命和价值观的具体描述及对管理者的要求："京东价值观是指导所有京东人行为的'圣经'，每一位管理者都应该积极传递京东价值观，并在实践中以身作则。"

当员工做出符合京东价值观的优秀行为时，他就有机会获得来自管理者在公开场合颁发的价值观卡，甚至有可能收到来自CXO（公司高管）层级的价值观卡，并获得相应的积分。管理者每个季度必须将手中的价值观积分卡都发给员工，而且员工可以凭借获得的积分在公司企业文化部换取

第一章　价值观第一原则：价值观不符合，能力再强也不用

荣誉勋章，当积分累积到一定额度时，还可以角逐京东内部的"季度文化之星"和"年度价值观之星"，甚至有机会登上京东年度盛会的舞台。

其实，发送积分卡、授予员工荣誉勋章，都是用正向、有趣的方式来向员工推广京东的价值观和理念，并鼓励员工在行为上做出改变。这其实就是在用企业文化来管理企业。

对于企业管理者来说，在管理企业的时候仅仅靠制度是不明智的，依靠企业文化才是最好的企业管理方式。

企业文化，就是企业的核心价值理念，体现在企业的各种方针、原则和制度中，是对员工自我规范起作用的文化层面的东西。

对于企业来说，要想使员工关心企业的发展，做到与企业同心同德、共同进退，在工作中尽职尽责，最关键的就是企业的文化深入到员工内心，能帮助员工自我规范。

企业只有具备这样的企业文化，才能引导员工树立起积极的工作价值观，才能让员工真正热爱公司，在工作中发挥全力，真正为公司创造出巨大的价值。

亚马逊、沃尔玛、微软、苹果、星巴克等企业之所以能声名远播，与它们特殊的企业文化有很大的关系。众多世界顶级企业的发展经验都表明：一个企业如果没有伟大的企业价值观和企业精神，企业经营战略再高明也难以获得持久的发展。

正如国家间的竞争正逐渐移师"软实力"阵地一样，21世纪的企业竞争也在转向企业文化的较量。中国企业若想在日益激烈的竞争中立于不败之地，就必须让企业的价值观全面落地，充分发挥企业文化"无不为"的威力。

第二章 Backup原则：

以养小树苗的心态，培养有京东血液的管理者

京东希望以"养小树苗"的心态,不仅要培养管理者,更要培养"有京东血液"的管理者。

——京东战略人才项目负责人 纪冬妮

第二章　Backup 原则：以养小树苗的心态，培养有京东血液的管理者

Backup原则：继任者必须有

在《京东人事与组织效率铁律十四条》中，有一条"Backup"原则，也就是继任者原则：每个总监、副总监以上的管理者在同一个职位任职两年的时候，必须指定一个Backup（继任者）作为备份，而且这个继任者必须经过刘强东和人力资源的认可，才算是合格的Backup。

如果一个管理者在同一个职位同一个部门工作两年了，都没找到一个让公司认可的Backup，公司对其给予的处罚，不是降薪，而是直接就地免职，立即辞退。

京东为什么要实行如此严格的"Backup"原则呢？这是因为京东深刻地意识到：如果没有Backup，对公司是极其不安全的。比如，如果一个部门的领导者突然离职，但又没有好的继任者，这个部门的业绩就会半年到一年都起不来，等到找到特别好的领导者后，又要经历至少半年动荡不安的调整期才能恢复，可以说代价是非常惨痛的。

作为中国老一代企业家里"教父级"的人物，联想创始人柳传志也曾经说过："以我办联想的体会，最重要的一个启示是，除了需要敏锐的洞察力和战略判断力外，培养人才，选好接替自己的人，恐怕是企业领导最重要的任务了。"

许多企业因为领军人物的缺失，也陷入了可怕的动荡之中。无数事

实说明,领军人物"真空期"是企业最动荡的时期,因为领军人物的缺失会让企业内部充满不安与猜疑,竞争对手也会趁机突袭,社会舆论也容易导致股市的过敏性反应,这一切都让原本平静的企业充满变数。比如,有"台湾经营之神"之称的台塑创始人王永庆名义上虽退居二线,却一直还在为企业的事情劳心劳力,直至他92岁(2008年)因心肌梗死病逝。由于他身前培养接班人的工作做得不到位,因此随着告别式上互相安慰的一幕结束后,王氏家族就开始发生异动,出现了激烈的接班人之争,严重阻碍了企业的发展。

可见,培养接班人,是每一个企业家都必须要做且立即要做的事情。通用电气前董事长兼CEO杰克·韦尔奇曾说:"对领导能力最后的考验就是看企业能否获得持久的成功,而这需要不断地培养接班人才能完成。"无数的事实告诉人们,继任管理已经逐渐成了企业可持续发展的一个重要管理工具。众所周知,球类比赛中,每一个位置的主力球员背后都会有一个替补队员,以备不时之需。企业每一个位置的管理者背后也应该有一个"替补队员",以充当紧急情况下的接替者,避免公司或部门因为管理者缺失而引发动荡。

因此,2013年6月,京东首次启用圆桌会议形式,对700名管理者进行了长达两个月的人才盘点,最终形成一个由168名HIPO(HIGHPOTENTIAL,简称HIPO,高潜人才)经理和31名HIPO总监组成的人才池,作为继任者的备选人才库。而到了2015年年底,为了适应组织及战略发展的动态需求,京东大学又在人才盘点的基础上,以胜任线、潜力线及继任线三个标准逐步搭建起一个京东的管理人才体系化、阶梯性的培养系统,希望能起到对所有管理者的能力"取齐补平"式培养的效果。

培养继任者，肯定是能力为先。京东会从领导力素质模型、岗位任职年限、上级评价和HR意见四个方面来考量一个继任者的能力。除了专业能力之外，管理层的继任者还需要具备以下四种能力。

1.确立方向的能力。企业管理者的首要职责，就是为企业确立方向。全球著名的商业市场研究和咨询服务机构盖洛普咨询公司曾对三十年来全球4万多名经营者和高层管理人员进行调查研究，结果发现企业领导者最重要的一个能力就是确立企业发展方向。如果企业领导者为企业确立方向的能力很糟糕，甚至不具备这种能力，那么产生的后果就不仅仅是无法激励员工努力工作，更严重的是会导致员工因为迷失方向或者怀疑目前的方向而郁闷、焦虑，而企业的发展也会因此误入歧途，迅速走向灭亡。

2.信息决策能力。纵观中国的众多成功企业，之所以能够在急剧扩大的市场中取得飞速地发展，大多是依靠创业型领导人的胆识、敬业精神和经验，而不是企业内部的组织和运作建设。因此对于当前的中国企业来说，企业领导者的信息决策能力就尤为重要了。著名领导力专家杨壮曾经说过："一个伟大的领导者必须能够在充满不确定性的模糊情景下进行有效决策。如果等到状态变得清晰，极有可能已经失去了最好的机会。"

3.资源配置能力。企业管理者的一个基本任务，就是把有限的资源配置到能够产生最大效益的人员、项目与任务中，为企业产生最大化的价值。然而，经营环境的不断变化，为企业资源配置的决策和实施增加了难度，这要求企业管理者特别注意资源配置能力的技巧。对此，著名战略大师加里·哈默尔建议："企业领导人不应该把资源配置的一切权力都包揽在自己手中，而应该将'资源配置'转变为'吸引资源'的模式。在这种模式中，企业组织中每一个人都可以创建一种内部市场，进行创意、才智和资本的交换。同时，领导力也将从专门做大型决策的'聪明的预言家'，转移到那些使事情实质发生的人手上。"

4.善于激励他人的能力。快速变化的市场环境，迫使企业不断进行变革，企业员工因此承受着持续不断的竞争压力。为了激励员工在巨大的压力下也能努力工作，企业领导者必须在企业内部建立起有效的激励体制和透明的赏罚制度，实行"绩效付酬"，给予优秀员工以足够的认可和激励，才能让他们对企业产生归属感和忠诚感，从而为企业创造更大的价值。

人才发展快速的三条通道

企业在选择人才时,最看重的就是人才的能力——是否有能力为公司创造价值。而人才在选择企业时,最看重的就是企业的发展前景和晋升空间——是否有人才发展的快速通道。

京东之所以成为电商行业的领先者之一,还是得益于它的人才发展快速通道。京东不像其他公司那样光靠高薪招揽人才,但能为人才提供有竞争力的薪酬,而且,京东的平台可以提供给人才更多的机会和晋升的空间,因为京东面对的是急速裂变生长的电商生态。为了紧跟市场的变化,京东的结构也在不断调整,京东人也要不断调整自己的职业目标和工作方式,这也意味着京东人会不断面临新的机遇。

根据公司的员工结构,京东设计了三条职业发展通道:

操作(Operational)序列:如果一个员工喜欢在一线工作,就沿着操作序列发展,做到职业技能的顶级。比如一位配送员想要一辈子做配送员,京东的任务就是让他成为顶级的配送员。

专业(Professional或Technology)序列:当员工在工作中积累了一定的知识和能力后,就可以转到P或T序列发展,从事更为专业的工作。

管理(Management)序列:如果员工具备足够的管理能力,并且也希望成为管理者,就可以转向M序列发展,进入管理者队伍。

不过，京东这几个职业发展通道之间是相通的，可以横跨。O序列的员工在经过一定的实践和进修后，可以晋升到P（T）序列或M序列。P（T）序列通过领导力进阶获得了管理者的素质和能力，只要经过京东内部严格的考评，就能够晋升到M序列。不过，M系列又分为1、2、3、4四个等级，如果P（T）人员进入了M系列，但经过人才盘点发现不具备管理潜质，也会被劝退到P（T）序列。

可以说，在京东，人才发展的快速通道是畅通无阻的，京东有无限种可能在等待你：如果你想做供应链管理，京东有庞大的采销体系；如果你想做物流，京东有最大的物流平台；如果你想做客服，京东有中国最大的售后客服电话中心；如果你希望专注于研发，京东有3000人的研发团队。

俗话说得好，人往高处走，水往低处流。每个人都希望自己事业有成，每一个员工都渴望得到晋升，所以企业千万不能总让员工原地踏步，特别是对那些能干的员工，而应信任他们，适时提拔。如果对他们总是半信半疑，不放心，那么给他们的感觉是怀疑他们的能力，那么他们还能尽心竭力地工作吗？

有专家提出了人的能力饱和曲线问题，即每个人在某个岗位上都有一个最佳状态时期。因此，企业管理者的一个重要任务，就是注意观察分析员工在个人能力饱和曲线上所处的位置，根据员工的表现及时给予员工激励和调整。

具体的做法就是，对在当前岗位上已经锻炼成熟的员工，要提升他们到新的用武之地，让他们承担难度更大的工作。如果员工特别优秀，就要采取"小步快跑"和破格提拔的形式使他们施展才干；而对于在当前岗位表现不佳的员工，则要及时调整到下一级的岗位上去"补课"，打好基本功。只有这样，才能使"才者毕至、能者来归"，为企业的发展提供源源不断的动力。

授权：让一线听得见炮火的人来决策

华为创始人任正非曾说："应该让听得见炮声的人来决策。"也就是说，要让一线听得见炮火的人来决策。如何做到这一点呢？京东认为要让员工愿意决策、能够决策、会决策，并提出了"授权、赋能、激活"的组织管控目标。要实现这个目标，授权是第一步。

刘强东曾在京东内部的高层会议上进行反思，说自己已经成了公司发展的天花板。而原因出于，曾有投资人评价说，京东虽然经过了近二十多年的发展，但本质上仍然像是一个创业公司，因为京东一直以来都是按照刘强东的商业直觉以及想法来运转的。

在意识到这个问题之后，刘强东有意识地让自己逐渐淡出公司的管理，但他又无法完全克制自己对公司的驾驭欲望，依然会全程关注着公司的动态，随时监视公司的情况。

2012年年初，在众多投资者的施压下，京东曾试图IPO（首次公开募股），但其实刘强东并不希望公司流血上市，因为他根本无法容忍别的任何人来管理京东。最终，投资人不得不妥协。

早会制度是京东最有名的一个管理手段。只要刘强东没有出差，就会准时参加每天早上八点半的公司早会。在早会上，刘强东会听取各个区域负责人依次汇报运营状况，任何订单数量的减少他都会提出质问，因此京东早会的气氛往往令人战栗。

刘强东一直坚持强硬的管理风格,他曾因为一名副总裁让秘书代打了两次卡,就将其开除;有一年京东召集承销商开会,其中一个承销商正巧陪家人去了欧洲休假,于是申请不参会,而刘强东回应:"你要是不来开这个会,就永远不要来。"

可以说,在京东,没有人敢挑战刘强东的权威,京东这列高速前进列车的方向盘牢牢掌握在刘强东手中。刘强东对权力的迷恋,决定了他一定要让京东的方向盘握在自己手中,一旦交出方向盘,就意味着自己放弃了公司。

2010年,京东商城的年销售额突破了100亿元,刘强东的压力越来越大,他一天工作12个小时,会对部下提供的数据认真地研读,并对大家的分析提出疑问,可是到了做决定的时候,他又太过于依靠自己的直觉,于是常常在第二天召开紧急会议,提出一个新的方案。

不过,最让刘强东纠结和行为分裂的,是他对公司管理的放权和收权。理性告诉刘强东,为了京东的发展,自己必须放权。最近几年,他为京东招揽了大量的职业经理人,设立了CFO(首席财务官)、CSO(首席问题官)、CHO(人力资源总监)、CMO(市场总监)、COO(首席运营官)等一系列职位,将每条业务线都交给一位CXO(公司高管)负责。然而,在公司高管们看来,再多的放权也比不了早会制度对放权制度的稀释,早会看上去只是一项制度而已,但本质却代表着京东的控制权。刘强东虽然放权了,却开始更多地直接与业务一线沟通,无疑大大削弱了CXO的管理权。

还好，刘强东也意识到了这一点，因此他在2013年毅然前往美国学习，把公司的财权、人权和业务权都授权给了高管层。公司高管只需要每周给刘强东写一封邮件，报告自己本周做了什么、下周要做什么、需要哪些资源支持就行。

当然，为了避免高管层越过管理红线，京东的授权也是有边界的：

1.财权：预算内费用自主调配。公司会做财务总包预算，对各业务线的财务进行严密的监控，一旦发现财务危机，会及时给予预警。在财务预算范围内，各业务线可以自主调配财务资源。比如，如果业务线上的人才调配出了问题，业务总负责人就可以向公司提出申请：将市场费用的一部分费用划拨给HR团队，以招揽更多明后年需要的人才。

2.人权：总监级以下人员的人事管理，预算内激励资源自主分配。公司基本上只控制VP（Vice President，副总裁）的招聘，并具有随时调配VP的权利，但对于总监及总监级以下的员工，全部是由各个BG（Business Group，业务组）、BU（Business Unit，业务单元）说了算，但要遵守一些基本原则，比如要符合京东的价值观。对于激励资源的分配，公司会划定一个公司层面的范围，在范围之外的，事业部、子集团可以根据实际情况，决定给予员工现金奖励还是股票奖励。

3.业务权：经营策略指定、营销资源和业务活动日常管理。集团的战略、跨子集团重大资源的分配权在集团，但是在业务区域范围内的战略决策权，是下放给事业部、子集团的。比如，广告到底投线下还是线上？怎样把营销方案做得更好？都是由事业部、子集团决定的。

第二章 Backup 原则：以养小树苗的心态，培养有京东血液的管理者

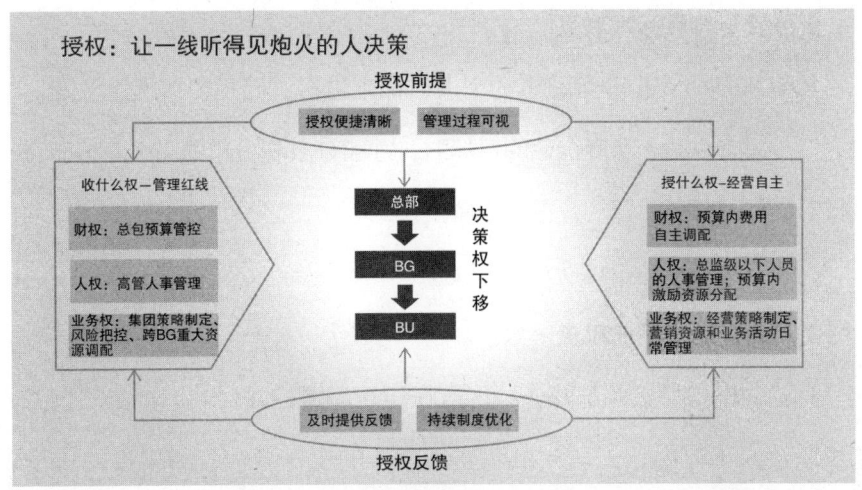

归国以后，刘强东也一改以前强势、个人化、粗暴式的管理方式，而转换为了平静、收敛、组织化以及系统化的管理方式。在国外的学习，让刘强东意识到了放权的重要性，所以，他开始在坚持自己原则的前提下，适当地放权给自己的高管们，让大家放开自己的手脚去行动。

随着腾讯入股京东，京东再次得到了飞速的发展，京东的员工也激增到了5万多名，京东的内部也面临着新的博弈。如何利用手中的投票权发挥出恰到好处的影响力，保证团队的稳定，并为企业制定正确的发展战略，是对刘强东领导能力尤其是授权能力的一个巨大考验。

那么，管理者怎样做到合理、有效地授权呢？

1. 克服害怕授权的心理

很多时候，企业管理者会担心职业经理人无法顺利完成自己交办的任务，或是害怕授权会削弱自己在企业中的影响力，就容易产生害怕授权的心理。这需要企业管理者对授权有清晰的认知，认识到授权对企业和管理者自身的益处。

2.授权要与目标相联系

授权不是根据企业管理者的个人目标来进行，而是要根据企业的目标来进行，只有有助于实现企业的目标时，才能分派职责和委任权力。而且，授权本身也是要有目标的，在对下属授权的同时，必须明确下属的职责和目标、达到目标的标准和奖励方式，以及达不成目标的处罚方式，等等。

3.明确权责，保证权责一致

真正的授权，是保证职业经理人在履行职责的同时拥有相应的权力。如果职责大于权力，无法激发职业经理人的工作激情；如果权力大于职责，就容易出现职业经理人滥用权力，导致贪污受贿等种种管理问题，反而增加企业管理者管理企业的难度。

4.对授权进行反馈与控制

为保证职业经理人能及时完成任务，了解职业经理人的工作进展情况，企业管理者必须对职业经理人的工作不断进行检查。对职业经理人授权并不意味着放弃对其的控制，反而是加强控制，比如为每个职业经理人授予合适的任务，跟踪监控他们的执行过程，及时提供必要的支持和帮助，对于任务结果进行客观的评价、总结，并给予适当的奖惩。

赋能：授人以鱼不如授人以渔

要做到"授权、赋能、激活"的组织管控，第一步是授权，第二步就是赋能了。老话说得好，授人以鱼不如授人以渔。在企业管理中也是如此，光是授权不行，还要懂得赋能。

在《重新定义公司：谷歌是如何运营的》一书中，阿里巴巴集团参谋长曾鸣在序言中就写道："未来企业的成功之道，是聚集一群聪明的创意精英（Smart Creative），营造合适的氛围和支持环境，充分发挥他们的创造力，快速感知客户的需求，愉快地创造相应的产品和服务。这意味着组织的逻辑必须发生变化。传统的公司管理理念不适用于这群人，甚至适得其反。虽然未来的组织会演变成什么样，现在还很难看清楚，但未来组织最重要的功能已经越来越清楚，那就是赋能，而不再是管理或激励。"

为什么这么说呢？因为激励强调的是个人在事成之后的利益分享，而赋能强调的是企业本身的设计、人和人的互动，是激起员工在工作中创新的兴趣与动力，接受更高的工作挑战。而且，赋能比激励更依赖文化，志同道合的人总会因为一个共同的价值观和企业文化而走到一起。总之，每一个优秀人才都在追求实现自我，这不仅需要企业对他们的激励，更需要企业为他们赋能，提供给他们足够的机会和条件，帮助他们发挥出来原有的能力和潜力。

京东自然也深知赋能的重要性。正如京东首席人力资源官及首席法律总顾问隆雨所说："赋能解决的是什么？当我们真正搭建了一系列平台、工具，具备了相应的开放能力，就可以让员工学会解决问题，让他们真正学会做一把手、做老板。培训不是最重要的手段，而是要教会他怎样使用一系列的工具，让BG、BU焕发活力。"用一句话来概括，其实就是"授人以鱼不如授人以渔"。

那么，京东是如何赋能的呢？主要从四个方面赋能：

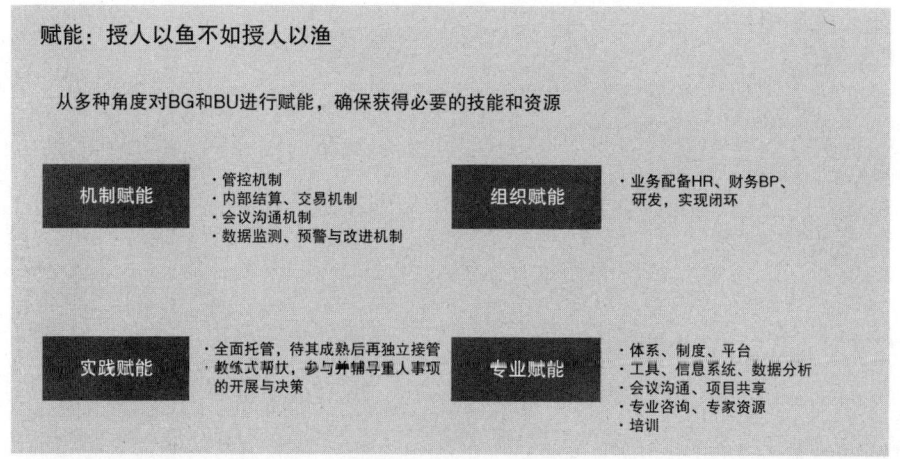

1.机制赋能：京东建立了管控机制，内部结算、交易机制，会议沟通机制、数据监测、预警与改进机制等一系列完备的机制来支持运作。比如，京东搭建的数据监控平台会随时监测各区域的数据，每周会根据各区域的监测数据统计出异常数据，发给该区域负责人进行核对修改，帮助他们以数据为基础把控风险，做出科学的决策。

2.组织赋能：京东不仅为各个事业部配备了专门的HR和财务BP，还配备了一系列的研发技术支持，实行闭环管理。比如，为了促进京东金融业务的快速发展，京东不仅为京东金融业务配备了专门的HR和财务BP，甚至还配备了一支独立的研发团队。

3.实践赋能：当一个业务团队还很弱小的时候，京东就采取全面托管的方式，给予它相应的支持，等到它真正成熟、壮大的时候，就把它独立出去，同时采用教练式的帮扶带动方式，参与并辅导它对重大事项的开展与决策，帮助他们做出正确的决策。

4.专业赋能：京东会为员工提供工具、信息系统、数据分析等一系列支持，通过会议沟通、项目共享等方式来加强上下层的沟通，并充分利用企业内外部的专业资源，打造专家团队，来为员工提供专业的咨询和培训，从体系、制度、平台三方面来提升员工的专业度。

"现代管理学之父"德鲁克曾把过去200年的组织创新总结为三次革命：工业革命（机器取代了体力，技术超越了技能）、生产力革命（工作被知识化，强调标准化、可度量等概念）和管理革命（知识成为超越资本和劳动力的最重要的生产要素，管理的重心转向激励，特别是动机的匹配）。沿着这个思路，我们会发现第四次革命——创意革命，即将来临。

近几年，随着人工智能技术的飞速发展，我们意识到，在可见的未来，机械性的、可重复的脑力劳动，甚至较为复杂的分析任务，都会被智能机器取代。但在短时间内，机器可能还无法超越人的直觉，也就是人对知识的综合升华能力。因此，在未来社会中最有价值的人，就是以创造力、洞察力、对客户的感知力为核心特征的"创意精英"。而这些"创意精英"最主要的驱动力，就是创造所带来的成就感和社会价值。可以说，自激励就是他们最显著的一个特征。因此，要想招揽这些"创意精英"，企业不应该给予他们激励,而是赋能——为他们提供良好的环境和优质的工具,帮助他们更高效地创造价值,这才是企业在未来的竞争中立于不败之地的一个有效手段。

第二章　Backup 原则：以养小树苗的心态，培养有京东血液的管理者

激活：激发组织的狼性作战能力

在便利店领域，日本的7-Eleven之所以能成为典范企业，不仅是因为它的破坏性创新、对用户"变态"级的研究、极度苛刻的管理，也是因为它懂得激活员工的工作热情。

7-Eleven的创始人兼CEO铃木敏文曾总结过员工工作中的三种心态：

一是Want（想做），自己愿意动手；

二是Can（能做），自己能做但未必出于本心；

三是Must（必须做），强制的意味比较浓厚。

无论是应对日常工作，还是面对专门负责的项目，员工的Want激活，方向也正确的话，那么就算Can不足，没有来自Must的压力，也能一路高歌猛进，但并不是所有员工都有如此强烈的进取心和事业心。铃木敏文相信"人是善意的动物"，但也相信善意需要有正确的刺激，才会有正确的反应，就像再懒惰的马，只要身上有马蝇叮咬，它就会精神抖擞，努力飞奔，这就是"马蝇效应"。

作为一只"马蝇"，铃木敏文的"叮咬"有两种方式——一是追问，二是追踪，目的都是让员工成为一个既能独立思考也能独立行动的人，继而让集团上下都成为集团进步的动力源。

7-Eleven这种对员工的Want激活，其实也就是京东"授权、赋能、激活"的组织管控的最后一步——激活，即激发组织的狼性作战能力。可以说，授权和赋能是因，激活是果，因为授权和赋能的最终目的，就是激发组织的狼性作战能力，即通过授权、赋能，让组织真正具备相应的狼性作战能力，接受相应的挑战，采取相应的措施打胜仗。用隆雨（曾任京东首席人力资源官及首席法律总顾问）的话来说，就是："授权、赋能让这个组织的活力焕发出来，商城有活力了，大家有干劲了，授权得更多，管得更好，他们会有更多的活力。"

　　在实行"授权、赋能、激活"之前，京东基本上是事无巨细地都要事前审批，但实行"授权、赋能、激活"之后，就变成了事前定规则、事中有监测、事后有评估，真正把决策权交给了一线听得见炮火的人，激励他们尽量发挥自己的能力，来激活京东这个庞大的组织奋力奔跑。

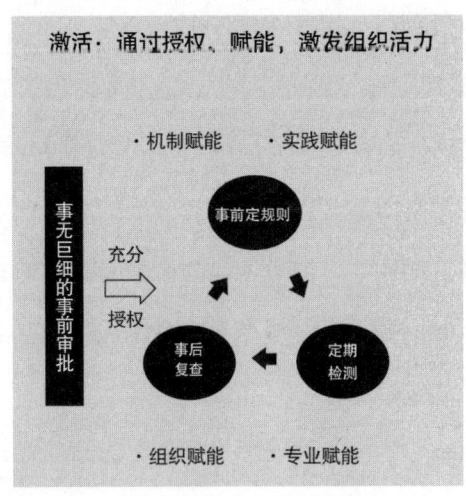

　　京东的"授权、赋能、激活"，也可以看作是京东对狼性文化的推崇。在日益激烈的竞争中，越来越多的企业推崇狼性文化，致力于激发团

队的狼性作战能力。那么，狼性文化究竟是一种什么文化呢？其实，企业所推崇的狼性文化，就是推进企业发展、为社会和人类创造非凡价值的一种拼搏精神。

企业追求狼性文化，就是要求团队文化中体现出狼性的四大特点——贪、残、野、暴。贪，就是对待工作要极其贪婪，能够在工作中无止境地去拼搏、探索；残，就是对待困难要极其残忍，毫不留情地将它们一一克服、消灭掉；野，就是对待事业要有一种野蛮的拼劲，在工作中不要命地拼搏；暴，就是对待逆境要粗暴无情，不要有一丝犹豫和仁慈，坚定地渡过难关。

在如今这个竞争日益激烈的互联网时代，一个企业要生存、要发展，没有这种贪、残、野、暴的狼性精神是不行的。华为就是依靠狼性文化获得成功的典型代表，正如华为创始人任正非所说："发展中的企业犹如一只饥饿的野狼。狼有最显著的三大特性：一是敏锐的嗅觉，二是不屈不挠、奋不顾身、永不疲倦的进攻精神，三是群体奋斗的意识。同样，一个企业要想扩张，也必须具备狼的这三个特性。"

第三章 "七上八下"原则：

团队培养，是京东内部最重要的事情

我认为，不管在什么样的国家，什么样的社会环境，一家企业的失败只是因为你的团队不行，没有任何别的因素，其他所有的因素都是借口。正是基于此，我们京东最应该关注的，最应该花时间，最应该不计代价去做的，也就是团队。

——京东CEO 刘强东

第三章 "七上八下"原则：团队培养，是京东内部最重要的事情

最好的团队是80%的钢和20%的金子

有人问刘强东："什么是稳定的团队结构？"

刘强东回答道："80%的钢和20%的金子，是相对稳定的团队结构。"

为什么是金子20%，钢是80%？这其实是二八定律的一种体现。

1897年，意大利经济学者帕累托偶然注意到19世纪英国人的财富和收益模式，并进行了调查分析，结果发现大部分的财富流向了少数人手里。他还发现其他国家也有这种微妙关系出现，而且在数字上呈现出一种稳定的关系。最终，帕累托通过对大量具体事实的研究分析，得出一个结论：社会上20%的人占有80%的社会财富，即财富在人口中的分配是不平衡的，这就是二八定律，也称80或20定律、帕累托法则（定律）、巴莱特定律、最省力的法则、不平衡原则。

二八定律是对原因和结果、投入和产出、努力和报酬之间的不平衡现象的一个总结：20%的努力，创造了80%的成绩；20%的企业，生产出了市场上80%的产品；20%的顾客，带给了商家80%的利润。

二八定律指出了人类社会中最普遍存在的一个现象，因此被广泛应用于社会学及企业管理学等。比如，由二八定律衍生出来的"二八管理法则"，就是指企业主要抓好20%的骨干力量的管理，再用20%的少数骨干员工来带动80%的多数员工，往往能有效提高企业的运作效率。

不管是在哪个企业里，都遵循着二八定律，即20%的人从事着重要的工作：要么掌握着企业的核心技术，要么承担着开拓市场的重任，要么拥有对企业经营项目的决策权。总之，他们是决定企业前景的关键性人才，企业一旦离开了他们，就将寸步难行。微软总裁比尔·盖茨曾开玩笑地说："谁要是挖走了微软最重要的几十名人才，微软可能就完了。"这看似一句玩笑话，却指出了关键人才对企业的重要性。因为关键人才是一个企业最重要的战略资源，是企业价值的主要创造者，所以能否留住并重用关键人才，就成了一个企业能否持续成长的决定性因素。

20世纪70年代，美国一家企业管理咨询公司在对美国上百家公司的经营状况和业绩进行例行调查时，发现所有经营状况良好且业绩优秀的公司都有一个共同特征——符合"二八定律"，即在这些公司里，公司80%左右的技术和管理经营职能都掌握在20%左右的人才手中，公司80%左右的业绩也是由这20%左右的人才创造的。公司里其余80%左右的人则从事着支撑企业日常运营的普通工作，他们的地位还达不到"关乎企业命运"的地步。从为企业创造价值的多少来看，20%的关键人才所创造的价值确实等同于甚至超过了其余80%的普通员工所创造的价值。

由此可见，刘强东在京东内部主动遵循二八定律，搭建一个由20%的"金子"和80%的"钢"组成的京东团队结构，确实是无比正确的选择，因为符合二八定律的团队结构确实是相对稳定的团队结构。

在刘强东看来，金子太多或太少都不利于团队的稳定。像京东这样的公司因为一直在飞速发展，"金子"的数量也在不断增多，如果有一天公司的业绩增速放缓，公司的"金子"就会显得过多，这样"金子"的薪水就会受限或降低，从而导致很多"金子"出去创业，或是纷纷被其他公司高薪拉走，公司的发展也会受到影响。但如果"金子"太少，比如"金子"只有1%，管理团队就会出现很多问题。如果一家公司财务出了问题，团队出了问题，各业务部门出了问题，根源往往在于这家公司的"金子"占比过低。

为了保持20%的"金子"和80%的"钢"的稳定的团队结构，京东一直致力于从内部培养"金子"，让员工一步步从"钢"变成"优质钢"，再由"优质钢"锤炼成"闪耀金"。

"七上"：大胆提拔"七成熟"员工

公司管理的关键在于管人，管人的关键在于选人、用人和留人，以及预防"大企业病"，保证信息通畅，减少部门之间的矛盾和冲突。而用人的关键在于大胆任用新人，因此京东提出了"七上八下"原则，其中的"七上"就是要求管理者大胆提拔"七成熟"员工。

在京东，只要一个员工达到了"七成熟"，公司就会推动他到下一个阶段去学习和锻炼。而且，京东对"七成熟"员工的培养和锻炼，不是简单的"画大饼"，而是真正授权给员工，帮助员工快速提升个人能力，引导员工在不断对公司做出贡献的同时实现自我价值。

比如，京东农村电商战略负责人李贺明进入京东不久，就担起了京东农村电商渠道下沉战略的重任。任务启动后，李贺明与京东的相关业务部门立即前往湖北、陕西、四川等地近20个县的乡村进行实地调研，通过与农户、小店主、村支书、乡镇企业、农业龙头企业负责人的反复沟通，掌握了最真实的农村地区消费层面的需求、农业生产层面的需求和商品流通层面的需求，为项目的实施打下了坚实的基础。

截止到2016年10月9日，京东在全国开设了433家特产馆，以及664家涉农企业和专营店铺。截至2016年11月，京东已经在全国31个省、市、自治区的1700多个区县建立了县级服务中心，让京东的服务覆盖了27000余个乡镇的28万个行政村的30多万个农村消费者。可以说，京东农村电商已经覆盖全国近三分之一的农村地区，并很快就会完成全国农村的全面覆盖工作。而到2016年年底，京东已经实现大件物流全国（不含港澳台）所有行政区县全覆盖，完成了消除城乡之间的价格差异、为有差别的用户提供无差别的服务的第一步。

在这个过程中，李贺明个人也得到了迅速成长——快速晋升为京东集团公共事务部运营业务总监、农村电商战略负责人、电商精准扶贫协调人，成了京东20%的"金子"中的一员。事实上，在京东，80后的管理者占比高达73%，85后的管理者占比也有33%，可以说管理团队日益年轻化。

不可否认，年轻一代的管理者为京东带来了更多的新鲜血液——他们富有冲劲，对新事物有极强的好奇心，对趋势有很好的把握能力，他们的创新能力和拼搏劲头确实远远超过了大龄的管理者，但他们在两个方面也需要继续进步：

1.他们在企业管理上的成熟度还不够，很容易因为一时的成功而失去自我，变得目中无人，因此需要不断地进行自我修炼，不断向成熟的管理者、导师学习。

2.他们把控风险的能力还不够，因为越年轻意味着过去的资历和经历越少，很多时候就无法预见到一些事情，因此需要抱有一颗敬畏之心，不断地向前辈、导师虚心学习。

不只是京东在大胆提拔新人，国内外的众多企业都在这样做，高管年轻化已经成了不少互联网巨头甚至传统大公司的人才战略。越来越多的年轻"80"后在职场崭露锋芒，甚至不少的"90"后也开始崭露头角。

在《财富》（中文版）评选的"2016年中国40位40岁以下的商界精英"榜中，国内许多知名互联网公司创始人的名字都赫然在榜：滴滴出行的创始人程维（33岁），美团点评CEO王兴（37岁），58赶集集团创始人兼CEO姚劲波（39岁），大疆创新创始人王涛（36岁），猎豹移动创始人傅盛（38岁），饿了么创始人张旭豪（31岁），美图公司创始人吴欣鸿（37岁）……其中30岁以下的就有5个（最小的仅有25岁），30~35岁之间的有19个之多，足见互联网高管的年轻化已经成为企业发展的一种趋势。

互联网企业之所以要大胆提拔新人，是因为互联网的主要用户人群是年轻人，尤其是移动互联网用户越来越年轻化，任用年轻的高管更能适应这个时代的发展，带领企业走得更远，因为他们更了解年轻人的想法，也具有更强的接受新事物、新思维的能力。可以说，在竞争日益激烈的未来，企业只有敢于大胆提拔新人，为企业注入新的血液、新的活力，才能让整个企业焕发生机。

"八下"：80%的管理者从内部提拔

"培养团队，是我花费时间最多，也是内部最重要的一件事。因为我们深知如果团队不壮大，那么公司的任何战略都无法实现。"刘强东时刻不忘这一点。

在京东发展早期，公司需要增加管理者的时候，很多管理人员自然而然地想着从外面招聘，但刘强东希望把更多的机会留给内部员工，于是就有了这样一个规定：只要员工的工作能力达到岗位要求的70%且价值观良好，就应大胆提拔任用。这就是京东的"七上八下"中的"七上"原则。

那"八下"指的是什么呢？其实就是京东的另一个强制性规定：80%的管理者都必须从内部培养提拔，只允许20%从市场招聘。之所以还有20%要去社会上招聘，是因为京东要保证组织还有新鲜的血液，避免京东变成一个封闭化的组织。

企业选拔人才的途径其实无非两条：要么从外部招聘，要么从内部培养。但许多例子表明，外部招聘的人才往往不如内部培养的人才好，因为内部培养的人才与企业的价值观更为契合。美国管理界曾对此做过一个统计，结果显示：空降的CEO失败率是70%，内部提拔的CEO失败率却只有40%。

尤其是在互联网这个新兴行业，企业在运营模式上都是在摸着石头过河，有经验的互联网人才并不多，因此许多公司都选择从竞争对手的公司高薪挖人，结果却是使得人才泡沫增多，公司的运营成本也大幅上升。而且被高薪挖来的人大多对企业的忠诚度都不高，很容易被再次挖走。因此，许多企业都开始注重在内部培养人才。比如，腾讯80%的中层干部都是自己培养出来的。

从2006年开始，腾讯为了不断培养内部不同层级的储备干部，就推出"潜龙""飞龙""育龙"一系列培训计划；为了不断培养专业技术人员中的高潜人才，又陆续开启"攀登""飞跃"等培训项目。腾讯创始人马化腾曾一再强调："对于腾讯来说，业务和资金都不是最重要的，业务可以拓展、可以更换，资金可以吸收、可以调整，而人才却是最不可轻易替代的，是最宝贵的财富。"

日本无印良品的社长松井忠三曾说："与其花大笔预算募集优秀人才，不如在公司内部建立培养优秀人才的机制，尽管要花很多时间，却能让组织的骨架更加坚强。"无印良品之所以能成为杂货界的龙头企业，内部聘用制度可谓功不可没。

无印良品每年最多只会招聘两三位社会人士，几乎所有本部员工，都是从兼职人员吸收来的。这些兼职人员来自全国所有店铺，有的是学生，有的是兼职员工，他们每周的工作时间只要达到28小时以上，就会签订兼职人员合同。不论他们的性别、年龄、学历，只要真的具有相应的能力，就能成为合同工和正式员工，并且有机会出任店长，再由店铺调任到总部。18岁开始兼职，22岁成为正式员工，23岁担任店长，25岁成为采购负责人，这样的例子在无印良品比比皆是。

松井忠三发现，大多数到无印良品做兼职的人，都很喜欢无印良品的风格，喜欢无印良品的文化，其中很多人本身就是无印良品的粉丝。从他们做兼职的第一天起，不论是做导购还是做陈列，或者做收银工作，他们都会被要求按照MUJIGRAM（无印良品店铺的经营指南）来工作，而MUJIGRAM本身就是由无印良品的员工们制定，承载着无印良品的一切。

松井忠三要做的，是培养一批"生在无印，长在无印"的员工，让员工有成就感、归属感、愉悦感，就像身处另一个家一样。人都是离不开家的，当企业让员工有了"离不开、不愿离开"的感觉时，员工的忠诚度自然就高了。

越接近一家企业的文化和灵魂，就越容易判断它是否适合自己的发展。京东正是因为认识到了这一点，才提出了"七上八下"的用人原则，进一步加大了对企业内部人才的培养力度。因为只有做到员工"七分熟"就内部提拔，做到80%的管理者都从内部培养，才能保证京东的企业文化和价值观真正落地生根。

为了真正做到80%的管理者从内部培养，京东在内部建立了一整套立体培训方案：

1.副总裁以上高管：为他们提供到国内外一流商学院参加系统的在职EMBA项目学习的机会，每年会安排至少三位高管去进修，公司给每人提供2~3万元的学习期间的交流费用，即使上学期间离开京东也无须支付违约金；根据京东阶段性的战略来制定有特定目标的学习项目，比如"走入农村""硅谷之行"等，通过实践参与、头脑激荡、游学、标杆学习等方式，帮助他们与企业达成战略共识，真正让战略落地。

2.总监级别管理者：与知名商学院合作，针对这些总监级别的管理者开设京东MBA培训班；以京东领导力模型为核心目标，为他们提供阶段性的学习项目，帮助他们提高管理技能；每个总监级别管理者新加入京东后，都会接受京东大学与人力资源部门合作为其量身定做的"高管90天"转身计划，帮助其尽快熟悉岗位工作；每个总监级别的管理者每年至少要参加6~8天的脱岗培训，而且每年至少为新员工入职培训进行一次企业文化宣讲。

3.中层及基层管理者：紧跟京东快速发展的脚步，尽快实现角色转变，掌握基本的团队管理思路和业务管理内容；每人每年至少要接受4~6天脱岗培训，并学会在"干中学、学中干"，快速提升自己管理团队和平衡业务的技能。

4.基层配送人员：在提供高于市场平均水平的工资和五险一金的基础上，提供极大的个人发展上升空间。

比如，京东推出的"十百千工程"，就是要从配送体系中培养10名高级管理人员（来管理大区的配送人员）、100名区域管理人员（协调所在区域内的各个站点的配送人员）、至少1000名站长（管理每个配送站点的工作事宜）。在京东工作过一两年的优秀老员工有可能成为站长，优秀站长还有可能拿到京东的股份。

不过，虽然京东的目标是80%的管理者从内部提拔，但京东目前还没法做到这一点。因为京东在向技术转型的过程中发现，自己的人才库里有足够的管理人才，但是缺乏足够的技术人才，因此在技术人才上还要从外界吸引很多人进来，所以京东不得不暂时把这个比例降到70%，要求2018年总监级别的管理者70%要京东内部进行培养。

京东大学：履行好培养人才的使命

随着京东的飞速发展，员工数量也在激增，而按照京东"七上八下"的原则——人才"七分熟"就可以提拔，80%的管理者必须由内部提拔，京东内部的管理人员达7000多人。如何让这么多的管理人员同步、同速发展，是京东最为关注的问题，也是对京东人才发展战略的一个巨大挑战。

为了解决这个问题，京东于2012年把原来的培训部和企业文化部合并，形成了自己的企业大学——京东大学。京东大学采用内部培养与外请专家相结合的方式，除了京东自有的培训团队之外，还集结了京东金融学院、京东技术学院、京东商学院、众创学院等众多学习资源的提供者，引入国内顶尖的咨询、培训机构，设立了领导力发展中心、通用力中心、战略项目中心、学习顾问中心、学习平台及资源中心和运营中心，对京东的各个业务线上的员工提供1000多个高质量课程，以面授、电子课程和平台等方式进行内容讲授和分享，帮助员工快速提升个人能力。

可以说，创建京东大学，就是为了在京东首要战略——"人才战略"中发挥关键性作用，履行好培养人才的使命。

企业大学又称公司大学，是由企业出资创建，以企业高级管理人员、一流的商学院教授及专业培训师为师资力量，采用实战模拟、案例研讨、互动教学等有极强针对性和实效性的教育方法，满足企业员工不断学习的需要,达到培养企业中高级管理人才和优秀的企业供销合作者目的的一种新型培训体系。用《企业大学手册》的作者马克·艾伦的话来说,"它是一种战略性的工具,其职责是通过实施能培养个体或组织的学习、知识和智慧的活动来辅助组织达成自身使命。"

自1956年全球第一所企业大学——通用电气公司克劳顿学院正式成立后,企业大学就迅速风靡全球。世界500强中近80%的企业都创建了或正在创建企业大学。而大量的企业实践也证明了:企业大学确实是目前最完美的一种人力资源培训体系,是帮助企业成为一个学习型组织的最有效手段,也是企业规模与实力的一个有力证明。有充分的数据显示,不管是国外还是国内的上市企业,拥有企业大学的上市公司平均市盈利要明显高于那些没有企业大学的市盈利。

京东大学的执行校长李庆欣认为,一个企业大学要如何自我定位,是由企业所处的大的生态环境决定的。企业大学最初的目标往往是为员工提供高质量的学习内容,但最终的目标还是帮助企业推动战略达成,而且企业大学在企业发展的不同阶段有不同的使命。但不管企业大学的目标是什么,不管采用什么样的学习技术、手段和工具,都不能忘记最重要的一点,就是看清企业所处的大的生态环境:市场、行业、客户、挑战和机遇,这样才能了解企业需要什么样的人才、需要发展人才的什么能力,才能知道如何通过对人才的培养来帮助企业支撑长期而深刻的市场乃至时代的变革。

现在进入了后互联网时代,传统的企业组织——垂直化管理、管控式运作已经不太适用,如今的商业模式要求更多的是去中心化,就是通过

第三章 "七上八下"原则：团队培养，是京东内部最重要的事情

企业的大平台去支撑众多小团队运作的业务模式，因为这种业务模式具有分布式、自治自律的特点，因此要求小团队中的每个个体都具有极强的感召、倡导、协同、分享等能力。

在信息时代，企业需要的是知识型员工，也称T型员工，"现代管理学之父"德鲁克的管理就是针对知识型员工的管理。横向的"一"代表广博的知识面，纵向的"I"代表知识的深度。两者结合起来，就表示要求员工既有较深的专业知识，又有广博的知识面。可以说，这类集知识的广博与深度于一身的人才，才是当前企业最需要的人才。

当我们进入人工智能极度发达的时代，当人工智能可以完成信息到知识的这个加工过程时，企业需要的就是智慧型员工了，就是那些有能力做决策、有创意、有点子的创意型人才。智慧型员工其实就是T型员工的升级版——纵向的"I"，代表的是从纷繁复杂的信息中抽丝剥茧地进行分析和逻辑思考，从而洞察事实、快速做出决策的能力，这是专业角度提升的基础；横向的"一"，代表的是感知能力，你能感知到多远，你的世界就有多大，这个需要觉察，觉察就需要想象力和创造力，这恰恰是人类高于人工智能的地方，因为一个具有想象力和创造力的人必定拥有很高的内在能量，内心是通透的，没有任何的纠结，就能打通左脑的逻辑思考和右脑的创意想象，从而表现出爆发性的创造力。

有调查数据显示，在互联网时代的VUCA特性（Volatility易变性、Uncertainty不确定、Complexity复杂性、Ambiguity模糊性）下，成功的个体必须具备三个特质：

第一个特质是自我觉察。成功的个体必须要能够感受自己，看清自己

内在的种种变化，知道是什么阻碍了自己的发展。

第二个特质是灵活性，也就是人的"逆商"。互联网时代具有变化迅速、模糊及不确定性的特点，必定会给人们带来很多风险、失败和挫折，成功的个体必须要能够很好地应对这种环境。

第三个特质是领袖魅力（Engaging Leader）。现在的企业大多推崇扁平化的组织，这使得职位的影响力大大减弱，因此成功的个体就必须具有强大的领袖魅力，这样才能有效地启发他人的激情，激发他人的创意，获得他人的支持和拥护。

为了让京东的员工都能心甘情愿地投入培训，京东大学开始在京东内部建立了一种学习生态系统，促使员工自动自发地学习，以知识习得为方法来提升自己的能力。比如，京东大学设计"京东年级"这种能力等级的目的，就是用一种显性且易操控的方式——通过"京东年级"体现出员工的学习任务、知识贡献等，来鉴别员工的成长与价值。

不过，京东的人才发展不仅仅是京东大学这样的培训团队的任务，组织发展部门（OD）、人才发展部门（TD）、HRBP团队、人力资源共享中心、企业文化、招聘、行政、法务等所有职能团队也都在全力配合，共同为员工和第三方合作伙伴提供专业的知识技能培训，以便为京东的客户提供更好的体验。

第三章 "七上八下"原则：团队培养，是京东内部最重要的事情

中欧"京东班"：加速高端人才的培养

前面说过，京东认为相对稳定的团队结构，就是20%的"金子"和80%的"钢"，并且希望进一步将他们打造为"闪耀金"和"优质钢"。京东与中欧国际工商学院联手打造的百万级精品课程——"京东班"，就是京东打造"闪耀金"的一个项目。

要管理京东这样一家有巨大体量的、高速发展的电商企业，京东的管理者尤其是中层管理者面临着巨大的考验，因为中层管理者是一个企业的'中枢系统'，他们的能力决定着企业战略能否执行到位。为了让京东的核心中层管理者在业务水平及管理效能上有所创新、有所突破，将京东战略执行到位，京东特意花费百万"重金"，通过与国内外知名专家长达一年的反复推敲商议，制定了"京东班"这个中高端人才的储备和培养计划。

2014年7月25日，京东与中欧国际工商学院正式签署了一个十年的战略合作协议，双方将在企业人才梯队建设、内部管理人才培育、高管和高潜人才培养等学术研究领域展开战略合作。

根据协议，京东要做的，就是每年要派遣数名高管以及优秀的管培生到中欧国际工商学院攻读EMBA课程，学习先进的管理经验并形成统一的管理语言；同时，京东还要为中欧国际工商学院的MBA学生提供实习和

工作机会，并将表现优异者纳入京东"管培生计划"。中欧国际工商学院要做的，就是为京东设计适合中低管理层的Mini-MBA课程，包括为京东高管开设"京东班"，以及开设面向京东各个层级和部门的员工网络学习平台。不仅如此，双方还将在数字化和互联网金融、市场营销、人力资源、运营管理、物流和战略发展等多个学术研究领域进行长期合作。

京东的许多高管都攻读过中欧国际工商学院的EMBA课程，其中就包括最高管理团队中的4人：刘强东、隆雨、陈生强和李大学。

2015年4月5日，京东与中欧国际工商学院联合推出的首个系统培训课程——"京东班"正式开课。这个针对京东中层管理者的课程每年都会推出一期，目的是帮助京东打造一个稳定、高效的管理团队，以确保京东的人才战略能更好地满足京东业务高速发展的需要。

首届"京东班"的40名学员，都是京东经过公司层级的人才盘点挑选出来的价值观过硬、绩效较高、潜力巨大的高潜中层管理者。首届"京东班"的学习时长为一年，由中欧国际工商学院的优秀教授为学员授课，课程包括创新、领导力、品牌管理、财务和绩效等多个领域的5个模块必修课和1个模块必选课。

我国电子商务的发展进入了快速扩张和密集创新的新阶段，但是与之对应的行业人才培养机制却没有跟上电商行业发展的脚步，导致电商行业的优秀管理人才普遍匮乏。因为电商行业属于新兴产业，过去那种简单、粗暴的"拿来主义"人才战略早已不适用了，所以京东不得不选择从内部培养人才，要求公司80%以下的高级管理人员都从内部培养及晋升，而"京东班"就是京东迈出的重要一步。"京东班"借助中欧工商学院特有的教学方法，结合京东管理者们在京东的操作实践，全面提升了他们的业务技能和管理效能，帮助他们形成了符合京东价值观的共同的管理语言，从而使他们更快地成长为京东集团的中坚力量。

"我在京东上大学"：助力基层员工学习深造

刘强东一直在说，京东之所以能高速增长，要感恩员工的付出。那怎么感恩呢？

刘强东说："感恩不仅仅是给员工好的薪水和待遇，抑或是股票，更是要通过培训体系，让他们在京东工作几年后，个人职业能力、知识、眼界等都能上升到一个新的高度。在我看来，这是对员工最大的回馈，同时也是培训最大的意义。"

确实，在竞争日益激烈的互联网行业，只有注重人才的培养，才能让一家公司实现持续的成功。那要怎么培养人才呢？京东的做法是，在内部建立一整套立体培训方案，分为副总裁以上高管、总监级别管理者、中层及基层管理者、基层配送人员四种不同模式的培训。

在培训员工的过程中，京东发现短期培训班的模式对于管理人员很有效果，但对于基层员工却没什么效果。究其原因，是因为影响基层员工成长最关键的一个要素，就是他们的学历太低，许多基层员工都没有接受过大学教育。因此，2013年，京东与北京继续教育学院、中国人民大学、北京航空航天大学等高校启动了合作项目——"我在京东上大学"，帮助有自我提升需求的京东基层员工完成有针对性的学习，加快成长。

高校根据京东的实际需要，为京东的员工定制了电子商务供应链管理、互联网营销与管理等专业和相关课程,而京东的员工可以在不影响正常工作的情况下,通过网络授课便捷地接受远程教育,只需两年半时间就能完成学业,取得大专或本科学历,而且学习期间与学业相关的工作经历和培训经历还能抵扣一定学分。

"我在京东上大学"项目鼓励员工自费学习。刘强东认为:"很多人借钱结婚、借钱买房,甚至借钱生娃,能不能借钱读一个本科,让自己鲤鱼跳龙门?"事实证明,愿意让自己鲤鱼跳龙门的人很多,"我在京东上大学"项目一开始,就有几百名京东员工报名参加。

为了激励员工的学习热情,京东也有自己的激励方式——京东的员工享受学费的折扣价,对两年半后拿到了学历的员工会给予奖励,如果员工学习期间晋升了一级,就减免1/3学费;晋升两级,就减免1/2;晋升三级,学费全免。

"我在京东上大学"项目的成功,使得京东又于2014年9月18日联合北京航空航天大学启动了新的培训项目——"我在京东读硕士",来满足更多京东员工的学历深造需求。

报名参加"我在京东读硕士"的京东员工,只要通过每年十月份硕士学位研究生入学资格考试,就可以进入京东与北航经管学院、软件学院联合设立的"京东班",进行为期两年半的在职硕士研究生的学习。"京东班"根据电商行业的需求,定制了项目管理、物流工程、软件管理与测试等专业的相关课程,并邀请业内专家组织相关专业的主题沙龙,来丰富学员的专业知识和经验。完成学业的学员可以获得在职研究生学位。为了更好地激励员工的学习热情,京东还推出了学费激励政策,为家境贫困的员工提供助学金，为表现优异的员工提供奖学金。

这个项目一经推出就在京东内部大受欢迎。一位参加该项目的京东员工曾评价说："目前，人才竞争的门槛越来越高，自己一直以来都有继续攻读研究生的想法，但苦于工作忙，精力不够，难以实现。现在可以在自己的公司'读硕士'，之前的顾虑基本都可以打消，另外，工作内容完全可以与理论学习相结合，让学习更容易，而且工作可以'修学分'，并可以获得奖金与补贴等返学费的激励，特别赞！"

有人对此提出了质疑：为什么京东要花费如此多的时间、精力和金钱来培训大量的基层员工呢？要知道这些基层员工即使接受了技术培训也未必能符合京东的要求，而且他们还可能因为自身能力提高而跳槽到薪水更高的公司。对此，刘强东的回答是，唯有培养人才，才能让一家公司实现持续的成功。这就是京东持续获得成功的奥秘。

第三章 "七上八下"原则：团队培养，是京东内部最重要的事情

京东Talk，18分钟改变世界

TED大会创始人克里斯·安德森曾说："曾经，知识经济中的人说，你要保护如黄金般的知识，这是你唯一的价值。但是，当全球都联系在一起时，游戏规则改变了，每个人都互相关联，一切都会快速发展。当知识传播出去后，会以最快速度到达全球各地，得到反馈，得以传播，而它的潜在价值是无形的。"

TED，是Technology、Entertainment、Design三个英文单词的缩写，即技术、娱乐、设计。TED是一个致力于传播创意的私有非营利组织，以它组织的TED大会著称。TED诞生于1984年，其发起人是理查德·索·乌曼和哈里·马克思，从1990年开始于每年3月在美国加利福尼亚州的蒙特利举办一次TED国际会议，邀请世界上的思想领袖与实干家来分享他们最热衷从事的事业。

2001年，媒体大亨克里斯·安德森买下了TED，创立了种子基金会（The Sapling Foundation），并运营TED大会，将TED演讲者的领域从原先的技术、娱乐、设计三个领域扩展到了各行各业，邀请了科学家、哲学家、艺术家、探险家、心理学家、语言学家、宗教领袖、慈善家等诸多专业人士，致力于将TED打造成一个超越会议性质的世界品牌。美国前总统比尔·克林顿、微软创始人比尔·盖茨、英国动物学家珍妮·古道

尔、美国建筑大师弗兰克·盖里、美国创作歌手保罗·西蒙、维珍品牌创始人理查德·布兰森、国际设计大师菲利普·斯达克以及U2乐队主唱博诺·沃克斯都曾经担任过演讲嘉宾。TED大会的观众也多是企业的CEO、科学家、创造者、慈善家等，是和演讲嘉宾一样优秀的各行业的精英人才。

从2006年起，TED演讲的视频被上传到网上，更多的人因此享受到了这一场场"超级大脑SPA"。

TED大会最激动人心的部分，就是它从2005年开始设立的每年一次的TED大奖，每次有三个获奖名额。每一位TED大奖的获得者不仅能获得十万美金的奖金，还能够在TED会议上公开阐述自己的TED愿望，并获得TED组织者的大力支持，来实现自己的愿望。

让知识传播出去，得到反馈，才真正实现了知识的价值。在TED大会的启发下，京东以"认知·创新·变革"为指导精神，鼓励原创知识分享、跨部门交流，以及创建学习型组织，搭建出一个让优秀人才直接展示自己分享智慧的舞台——京东Talk，线下交流分享，线上传播知识。通过京东Talk，京东员工可以围绕领域、行业、京东业务的知识和经验分享任何主题，与大家一起讨论、学习。不过，这个舞台只欢迎专业人士参与，拒绝京东的管理者参与。

登上京东Talk舞台的演讲者，每个人有18分钟的演讲时间，面对观众，脚下有两个小屏幕，一个用来提示他的倒计时时间，一个用来播放他的演讲PPT，这样他就可以用一种表演的方式，去展示他的Know-How（技术诀窍）。

京东Talk可以是行业的专家，更多的是京东内部某一领域的专家，去展现他们业务上鲜活的知识。这种知识其实不需要开发，只要他在做，他就可以展现。京东Talk第一次请了一个曾经研究无人机的博士程序员，他讲了自己正在开发的一个叫作"虚拟试衣"的程序，在京东内部引发了大量关注和传播，他也因此迅速成了公司的名人。

京东Talk还开设了一个名为"一带四"的活动，模式有点像凤凰卫视的《锵锵三人行》和优酷的《圆桌派》，就是从京东外部请来一个业内的专家，然后在京东内部邀请三名分享人员，四个人针对某个主题进行一个大约半小时的分享。

为了更好地展现京东Talk，京东还专门成立了一个类似多媒体制作和播放的平台——京东TV，鼓励京东员工用手机拍下工作中的一些Know-How（技术诀窍），放到京东TV上，不仅能获得大家的鼓励，还能赢得一定的积分，最重要的是能让公司很多的Know-How知识在内部快速流通。

比如，京东曾举办过一个配送员用手机拍Know-How的技能大赛，当时有一个配送员拍摄了两段配送视频：一个是错误配送的视频，一个是正确配送的视频。在错误配送的视频里，他因为追求速度，就把车子往小区楼下一放，赶着上楼去送货了，结果送完货回来发现车子里的货丢了。而在正确配送的视频里，他先选好了停车地点，下车后跟门卫打好招呼，然后锁好车门，上楼去送货，回来时自然是货物完好无损。公司新配送员只要一看这两个视频，就知道该如何配送了，就不需要公司进行额外的培训了，这不仅能大大节省公司的培训成本，还能帮助新员工快速成长，真可谓是一举两得。

京东Talk因为推动了京东内部资源的互动和分享，形成了一个非常庞大的鲜活的专业案例数据库，在业内也形成了很好的口碑，因此业内甚至流行着这样一句话：没有在京东Talk上分享过案例和话题的人，就别说你是专家。

通过京东Talk尝到甜头后，京东想要更快速地推动公司内部知识的传递和流通，于是又做了一个产品叫"专业脱口秀"。京东在内部找了个能言善道的"85后"员工，每月拨给他一定的课程开发费，让他每周以脱口秀的形式推出一档节目，围绕京东的业务主线来介绍种种业务的趋势和京东内部的变化。他可以自编自演，也可以找其他人帮忙，但必须确保栏目的趣味性——几乎是几十秒钟就抖一个包袱，以此激起大家的兴趣和关注。

通过一系列尝试，京东更加深刻地意识到：识别、获取和利用企业内部成员的知识、技术诀窍和最佳实践，确实有助于企业形成更大的竞争优势。因此，京东尝试搭建了一个灯笼模型的方式：

1.灯笼底座：是小的E—Learning，京东把它做成了每个岗位、每个层级必修课程的一个平台，囊括了所有岗位员工的考试。

2.中间（灯笼身）：是京东内部的一个大的动态知识库和共享平台，包括京东TV、京东论坛和京东各部门的知识库。

3.灯笼帽：是对更多专业知识和技能的挖掘，往往是京东大学的专家或行业专家根据京东各个业务部门的需要，整理出来的与之相应的知识列表，并以此为基础来开发员工培训课程。可以说，通过这个积累了众多员工工作技能和经验的素材库，京东的员工培训课程才能够变得更简单、更快捷，并变成一个不断搜集、挖掘和应用的循环过程。

"百里夜行军",坚强意志是练出来的

京东的培训工作一开始并不顺利,因为京东的HR发现员工对培训往往存在三大疑问:

1.是不是一定要培养人?业务部门往往认为,培训是人力资源或培训部门的事。业务部门最关心的,是某个问题在合适的时间和地点能不能快速解决。

2.是不是一定要开发课程?电商行业总在变化,现在很多知识和案例,等你开发完就已经过时了,还有必要开发吗?

3.是不是一定要上课培训?在高速发展的电商行业,时间已经成为稀缺资源,有没有哪种方式可以不上课还能解决问题,而且能让学习变得简单、快乐?

可见,如何让员工心甘情愿地主动学习,是所有企业都面临的一个大问题。作为一个互联网企业,京东也选择用互联网思维来解决这个问题。

其实,互联网思维主要就是三点:

1.痛点。你是否察觉到了用户的痛点,尤其是那些极其微小的痛点?

2.尖叫点。你是否设计出了能够引发用户尖叫的产品?

3.引爆点。这么好的产品是否能够获得大量用户的喜爱,并快速传播开来?

比如，京东在对管理人员进行培训的过程中，就发现管理人员最大的痛点就是没有时间上课。既然发现了痛点，就要去解决它，于是京东开始思考：有没有一种培训方法能够既不占用管理人员太多的时间，又能切实提高管理人员的领导力水平呢？

经过大量的调研后，京东找到了尖叫点——"以考代培"，与其给管理人员上课，不如让管理人员考试。

在找到尖叫点之后，就要考虑如何引爆了。京东认为，要想让管理人员能够接受考试这种虐人的学习形式，首先要锻炼他们的坚强意志。

心理学家已经发现：所谓意志力，它既不是筋肉的一种，也不是心灵上的一种独立的能力，而只是我们用来达到生活目的一个工具而已。就像凯利·麦格尼格尔在《自控力》一书中说的那样："所谓意志力，就是控制自己的注意力、情绪和欲望的能力。"美国著名心理学家罗伊斯也曾说过："从某种意义上说，意志力通常是指我们全部的精神生活，而正是这种精神生活在引导着我们行为的方方面面。"虽然我们每一个人都用判断力思考问题，但最终帮助我们解决问题的，不是我们的才智，而是我们的意志力。

能够做到"苦其心志，劳其筋骨，饿其体肤，空乏其身，行拂乱其所为，所以动心忍性，曾益其所不能"的人，就是意志坚定的人。比起那些意志薄弱的人——注意力无法长时间集中，爱好、兴趣、计划、决定容易改变的人，他们自然能获取更多更大的成功。

可以说，每个人都有可以实现愿望、获取成功的能力，但问题在于，你是否愿意磨炼自己的意志，借助坚强的意志力来实现自己的梦想？

京东在领导力培训中一再强调，管理者就是磨炼出来的，管理者要想提升自己的管理能力，必须要不断进行自我反省和修炼。为了锻炼管理人员的坚强意志，京东专门推出了一个培训项目——"百里夜行军"，项目参加者从晚上11点徒步走到早上6点。

"百里夜行军"的目的，在于通过极限徒步行走的方式，激发学员的工作豪情，提升内在能量，因此它不是简单的苦行之旅，而是一次享受挑战的过程。行走途中，学员们组成团队，结伴而行，旅途中可能会遭遇寒冷、饥饿、身体酸痛、扭伤、抽筋、体力不支等情况，只有依靠坚强的意志力，才能克服这些困难，最终抵达终点。行走过程中，有人会脱下自己的衣服给队友穿，有人会把仅有的食物和水让给别人，有人会不顾自身的苦痛去搀扶受伤的队友一路到终点。可以说，"百里夜行军"是在模拟人生经历和创业的艰辛历程，让参与者在活动中进行思考，与自己对话，反思事业的成败和人生抉择，悟出生命的真谛，从而做出正确的决策和行动。

因此，京东的很多管理人员在参加完"百里夜行军"这个项目后，都表示收获很大，不但帮助自己锻炼出了坚强的意志，还明白了在工作中坚持、坚定前行的意义。有的学员还对这个项目给予了高度评价："走的是路，磨的是心，靠的是团队，为的是梦想。"

确实，京东的许多管理人员虽然具有足够的专业知识和超强的行动力，但因为自身的能量被一些观念、习惯所限制，难以释放，因此往往缺乏大格局和决策的能力，在面对电商行业的新变化时，难免会束手束脚，错失良机。而通过"百里夜行军"这样的项目，就能帮助京东的管理人员重新认识能量、目标、团队、决策、行动、方法等概念，突破原有框架，激发自身能量，在实现个人人生理想的同时，也促成了企业的高速发展。

第四章 "8150"原则：

更扁平化的组织结构，才是京东需要的

在公司"赋能"的大平台上，让组织结构扁平化，减少管理层的监督并赋予创客团队更多的自由，这样员工才有多干实事的机会。

——京东前首席人力资源官及首席法律总顾问 隆雨

第四章 "8150"原则：更扁平化的组织结构，才是京东需要的

"8150"原则：维持更扁平化的管控模式

互联网公司大多是轻资产模式，但京东却是个例外，京东从一开始走的就是重资产模式——自营、自建物流、货到付款等，但京东在拥有12万员工的基础上，依然能够高速前进，这与京东一直追求的扁平化管控模式——"8150"原则有很大关系。

"8150"原则中的"1"指每个管理者，而"8"是指京东要求每个管理者直接汇报的下属不得低于8个人，如果不到8个人，就要减少中间层级的管理者。只有当向一个管理者直接汇报的下属超过15人，公司才允许在同一个管理层级再增加一个管理者。

"50"，则是指每个管理者管理的同一工种的基层员工不能低于50个人，只有超过50个人时，才可以考虑设立第二个团队管理者。比如在京东的"亚洲一号"项目中，就规定一个班次的打包人员如果没有超过50个人，就只允许设立一个打包主管。当然，如果不是一个班次，比如一个小库房，总共20名打包人员分了两班，那就没办法了，必须设立两个打包主管。

刘强东认为，"8150"原则的核心是保证组织扁平化，只有坚持"8150"原则，才能保证企业CEO和员工之间只隔了5层管理者。从理论上来看，只要一个公司的员工不超过300万名员工，就可以只有6层管理者。

不只是京东，许多互联网公司的组织架构都非常灵活，没有金字塔式的层级领导，没有中间层管理者，部门的概念也很弱，公司的整个组织结构是扁平的。

在进入互联网时代以前，大多数企业的组织架构都是"直线职能制"的组织模式。"直线职能制"产生于工业时代，是现代大中型企业组织中最常见的一种结构形式，是以直线形的一条各个等级严格分工的等级指挥链为基础，在各级行政主管之下设置市场、销售、供应、财务等从事专业管理的职能部门，强调专业化的劳动分工。在这种组织架构中，上级依靠权威来领导下级，下级必须完全服从上级的决定，基层员工则必须遵照固定的程序执行任务，因此具有快速、灵活、维持成本低且责任清晰的特点，特别适合产品单一、销量大、决策信息少的企业。

不过，在这种组织架构中，每次任务的下达，都需要经过高层的层层授权，形成金字塔形的管理体系，因此也存在信息传递路线较长、反馈较慢、难以适应环境的迅速变化、各职能部门之间的横向联系较差等缺陷，不适合需要对环境变化迅速做出反应的互联网企业。于是，能够有效提高企业快速反应的机制——"矩阵管理"应运而生。

所谓"矩阵管理"，是由专门从事某项工作的工作小组形式发展而来的一种组织结构。在这种组织架构中，企业按照项目来进行组织，提高了不同部门之间的协作能力，有效避免了直线职能结构中各部门相互脱节的现象。

1985年，通用电气（GE）董事长兼CEO杰克·韦尔奇采用了哈佛大学教授、经济学者熊彼得的"创造性破坏"理念，将GE原有的组织机构级别裁减到5~6个,让GE的组织结构从金字塔结构变成了扁平化结构,有效改善了GE内部信息不通、效率低下、决策缓慢、机体没有活力等情况。于是,许多大企业也向GE学习,纷纷开始采用扁平化的组织结构。

扁平化的组织结构意味着公司对一件事的决策半径变得很短,对快速变化的外界环境的反应更加灵敏,更加深刻的是"去中心化",人与人之间的分工协作开始发生变化,不再是控制与被控制的关系,而是分享和协作。企业中的每个人都是企业组织大网里的一个节点,根据企业的需要"哪里需要哪里搬"。

在打造企业扁平化的组织结构这方面,做得最出色的管理者,要属日本的"经营之圣"稻盛和夫了。他所采用的"阿米巴经营"手法,可谓是扁平化企业架构的经典之作,不仅让京瓷公司做到了历经四次金融危机依然屹立不倒,还仅用一年时间就救活了当时被认为已经"无可救药"的日航,并让其做到了行业三个全球第一(利润世界第一、准点率世界第一、服务水平世界第一)。

阿米巴实际上是自然界的一种原生动物变形虫,它的特点是可以向各个方向伸出伪足,形体可以变化。阿米巴经营也正具有这样的特点,它实际上就是将一个大的团队组织拆分成尽可能小的团队,每一个小团队都是一个"阿米巴组织"。它们就如同变形虫一样可以灵活地进行员工的组合。而且这些"阿米巴组织"相对独立,以单位时间核算的经营指标来衡量它们的活力,以追求最佳附加利益。

对于公司来说,大大小小的项目组的考核指标能够完全统一地落实,员工的利益就会得到很好的保障,而且员工的工作积极性也会被很好地调动。对于员工来说，他可以同时进入多个"阿米巴组织"，身份可能是领导也可能是员工，这样做在很大程度上提升了员工的创新力，官僚主义也不容易滋生。

阿米巴经营追求的是企业组织结构的扁平化，而京东的"8150"原则的核心也是保持组织结构的扁平化，二者可以说是异曲同工。

第四章 "8150"原则：更扁平化的组织结构，才是京东需要的

网络化组织结构已成为未来的趋势

在工业时代，企业要想在市场的竞争中取胜，必须要有严格的层级和组织架构，但进入信息经济时代以后，垂直层级越多的组织，敏捷性就越差，就越无法掌握瞬息万变的市场需求和市场信息，也就不得不从垂直型组织向扁平化组织转变，从漫长而僵化的决策路径向快捷的决策路径转化。

如今我们生活在一个网络时代，网络时代的一个最大特点就是连接一切，不同的节点——不管是人员、团队、计算机还是其他什么——都以各种方式联系在一起。而且，这个网络是由没有中心的网络组成，允许自由开放的沟通，也允许人员和创意的持续流动。于是，网络化组织结构开始在企业中得到运用，并逐渐成了企业未来的趋势。

所谓网络化组织结构，其实就是把企业的组织结构分解成若干网格状的单元，并对每一网格实施动态、全方位管理的一种数字化管理模式。通过网络化组织结构，企业能够有效打破管理层级，模糊上下级界限，并赋予基层员工权力，使员工在企业的组织体系中快速找到需要支持和协同的人员，进行高效运作，大大提升了各项目的协同能力。

京东的电商板块目前虽然还是传统的科层制组织设计方式，但京东也看到了网络化组织结构的优势，于是在京东的两大创新业务板块——京东金融和京东技术，开始尝试市场化网络组织设计方式。

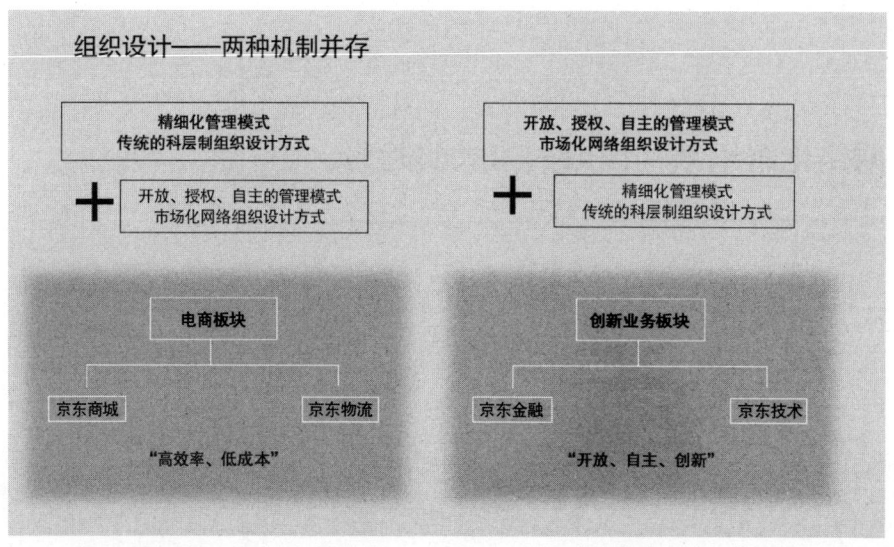

网络化组织结构的日益盛行，也是迎合"职场社群化"的一种体现。在移动互联网时代，人与人之间可以通过即时工具进行高效的联系，越来越多的人会通过共同的价值观或兴趣爱好而聚集成群，形成各种类型的社群组织，从中获取自我满足和集体归属感。尤其是在飞速发展的互联网企业中，由于组织结构逐渐演变为网络化组织结构，再加上雇佣关系的转变——在新雇主经济主义的推动下，新生代员工更倾向于选择和自己拥有同样价值观的雇主，希望和雇主建立一种类似伙伴和社群的关系，而不是冷冰冰的职场上下级关系，于是企业就逐渐成为拥有相同价值观的"同类人"聚集在一起的社会群体。京东"价值观第一"的用人原则，就是典型的表现。而随着互联网新生代员工成为劳动力市场的主力军，职场社群化开始崛起。而随着职场社群化时代的来临，网络化组织结构也必将成为未来的趋势。

像京东这样飞速成长的互联网电商，为了在"第四次零售革命"的浪潮中赢取先机，势必要懂得随环境变化而变，变得更加开放，全方位满足不同客户的个性化需求。而变化的第一步，就是组织形态的变化——大多数企业只是将原本的金字塔状的组织结构变成扁平化的网络化组织结构，而京东则在扁平的网格式组织结构基础上进行了提升，变成了像乐高积木一样可以自由组合的积木组织结构。

在京东搭建的积木组织结构中，业务环节之间的强耦合关系被打破了，变成了一个个像乐高积木那样可以自由拆分、配置、组装的插件。京东根据不同客户的偏好和需求，对多个可选插件进行个性化组合，快速响应和满足客户需求。

在京东看来，实行积木组织结构有利于各个业务团队像军事特种部队一样闭环运作，这样不仅能有效规避跨部门协调对速度的损耗，还能通过权责利的对称实现员工的自我驱动。而企业就成为一个平台，只需要像航空母舰或军事基地一样给小团队提供武器和弹药等补给，即通过强大的平台帮助各个业务团队提升完成任务的成功概率。

当然，京东搭建积木组织结构的目的，不仅是提升企业内部的执行力，还想要提升对企业外部资源的整合力，毕竟未来的零售是无界零售，单凭京东自己是无法满足所有客户的需求的。对此，刘强东在《第四次零售革命下的组织嬗变》一文中阐述得特别清楚："一方面，首先通过'模块化'，将业务活动打包成独立的、可复用的组件，其次通过'平台化'形成稳定、可规模化的产品，最后通过'生态化'将内部使用的模块对外赋能客户；另一方面，我们会连接和调动外部的资源和能力，不仅仅追求'为我所有'，还要'为我所用'，不断突破自身能力、规模和速度的边界。"

具备增长型组织思维,才能应对变化、持续成长

许多企业都很重视战略思维,认为战略思维是企业成功的关键因素,往往忽视了影响企业发展的另一个重要因素——组织思维,尤其是组织思维的惯性对企业的影响。

组织思维,其实就是企业管理者在企业内部培养一种默契的文化,鼓励员工主动迎接工作中的各种挑战,包容与支持员工在工作中不断尝试和探索,从而保障企业能够不断创新。组织思维的惯性分为两种:非增长型的组织思维和增长型的组织思维。

非增长型的组织思维,就是企业员工只求完成KPI,只想按部就班地工作,而不愿意冒险进行任何新的尝试,也不想在工作中有任何新的突破。但这种非增长型的组织思维,会让企业管理者对环境变化存有焦虑,害怕去尝试,害怕去突破,躺在过去的光荣簿上故步自封。

增长型的组织思维,就是企业员工不满足于只完成KPI,而是在工作中不断努力去尝试新东西,追求各种新的突破。这种增长型的组织思维,会让企业管理者不惧环境变化所带来的挑战和压力,而是从这种变化中看到机会。显然,在互联网公司大多走轻资产经营模式的情况下,京东却大胆地走重资产经营模式——自建仓储、自建物流,敢于应对挑战和变化,从而保持京东的飞速进步,都说明京东具有很好的增长型组织思维。

增长型组织思维包括三个内容：

1.从外向内看的思维原则

从外向内看的思维原则，是指企业管理者和企业员工在分析问题和理解企业自身时，能够基于外部环境而不是内部环境来看，能够基于顾客的需求而不是自己的需求来看，能够基于市场的特征而不是产品的特征来看，能够基于行业的趋势而不是自己的资源来看，能够基于未来的变化而不是过去的历史来看。京东一直都是按照这个思维原则来进行思考与工作的。

比如，京东当年投资自建物流体系，不论是企业外部还是企业内部，其实都是质疑声一片，大家都认为刘强东是在选择一种让京东快速死亡的方式。但刘强东还是坚持自建物流，因为他拥有从外向内看的思维原则，他看到了上千年以来零售行业的发展本质，其实就是用户体验、成本、效率三个最核心要素的不断发展。事实证明刘强东当初的坚持是对的，如今京东的一个最大竞争优势，就是自建的高效物流体系。

企业管理者要想在企业内部形成从外向内看的思维原则，需要做到四点：

（1）学会从外审视企业；

（2）不断重新定义对市场、对行业的理解；

（3）利用一切技术和机会来挖掘、明确消费者的需求；

（4）不断重构企业的核心能力。

2.鼓励探索与宽容失败的思维模式

人才和人的创造力日益成为一种稀缺资源，并且决定着企业的成败。资本只有附着在人才身上，才能够真正发挥价值，因此企业要在内部养成鼓励探索和包容失败的思维模式，企业核心管理团队更要养成这种鼓励探索和包容失败的思维模式。

在京东，刘强东一直都鼓励员工去尝试、去探索，也容忍失败，包括自己的失败和员工的失败。2015年，刘强东认为自有品牌智能家居业务是一个巨大的市场，京东哪怕只占1%的市场份额都可以赚很多钱，于是京东开始了相关的产品规划和尝试。但一番尝试之后，京东发现这个业务属于短期利益，因为京东没有供应链和工厂，根本不可能斗过飞利浦这样的专业厂商，于是毅然退出，决定依然用京东智能去建立开放生态，扶持合作伙伴。

企业管理者要想在企业内部形成鼓励探索与宽容失败的思维模式，必须要做到以下三点：

（1）自由发挥必须以企业价值共识为前提；

（2）鼓励探索，奖励探索；

（3）包容失败。

3.打破边界的思维方式

打破边界的组织思维方式，是指企业管理者能够带领企业员工打破固有的边界，突破固有的管理方式及管理体系，让企业组织为市场与消费者服务，而不是为组织内部的制度和系统服务。传统的组织管理采用的是一种围绕层级结构展开的权力与责任体系，因此不管在企业内部如何强调合作，组织成员最终都要回归到岗位角色，这是必然的本位主义。基于此，许多互联网企业就启动打破边界的思维方式，开始在企业内部设立众多的发展平台，来打破层级结构。

京东一直鼓励员工不要给自己设边界，因为只有学会"折腾"，才能走得更远，如果把自己长期放在舒适区里，就更不愿跨出这个舒适的边界。当员工不断挑战自己、不断证明"我能"的时候，也会发现自己可以担当和管理的边界正在不断扩展。

企业管理者要想在企业内部形成打破边界的思维方式，必须做到以下三点：

（1）在企业管理上，用平台模式取代层级模式；

（2）在企业内部明确分工，提高各部门、各个员工之间的协同能力；

（3）在企业内部加大资源整合的力度，优化资源配置。

一个企业只要具备了从外向内看的思维原则、鼓励探索与宽容失败的思维模式和打破边界的思维方式，也就构成了增长型的组织思维，就能够应对环境的变化，解决各种困难和挑战，获得持续地成长。

创客化团队管理，有力地解决了人的问题

随着互联网时代的发展，一个新的特殊群体——"创客"正在悄然崛起，一种新的团队管理模式——创客化团队管理逐渐被大型公司启用。正如海尔CEO张瑞敏在《致创客的一封信》中写道："时代列车转入一个新的轨道，'零距离''去中心化''分布式'的互联网思维把我们带进一个充满生机与挑战的人人时代，一个人人创客的时代。"

互联网行业正在迎来一场大变革——移动互联网的崛起，大大加快了互联网的整体普及速度，并使得互联网从满足特定需求的工具属性向满足个性化需求的娱乐属性转化，产品之间的竞争也从比拼功能向比拼个性化的用户体验转变。可以说，个性化的审美体验正逐渐成为产品的核心竞争力，以及改变未来互联网格局的重要力量。

许多企业也都意识到了消费者个性化需求的极度膨胀，发现原有中央权威型的组织因为不够柔性，如果再依靠原有的组织来对企业进行统一指挥，显然无法满足消费者这些个性化需求。于是，企业的组织结构纷纷开始向创业平台演变，致力于将员工变成创业者，企业负责提供供应链、资金、品牌等资源，通过让员工分散作战的方式来倾听市场的声音，从而生产出符合"长尾需求"的产品。这样一来，企业和员工之间的雇佣关系变成了一种新型的"平台+创客"的模式，即企业不再为员工发放固定收

入,而为员工提供一个创意的实现平台,员工在这个平台上进行各种创新和尝试,成本由员工自己负担,收入也归员工自己所有,当然员工需要给企业支付一定的平台费用。这种新型的团队管理模式,就是当下最流行的创客化团队管理。

在《重新定义公司》一书中,谷歌前董事长埃里克·施密特给创客化团队下了一个清晰的定义:"创客化团队,是指那些拥有过硬的专业知识、能够娴熟运用专业工具和有着丰富实践经验的小规模团队。"在谷歌,创客化团队俨然成了谷歌的组织灵魂:几个工程师、研发者和设计者聚到一起,组成一个小团队,合力创造出一款新颖的科技产品,然后通过互联网在全球范围内免费发行。整个流程其实很简单,就是根据消费者的需求打造一款新产品,然后选定一个顾客群试用产品,以此判断产品的优点及缺陷,然后据此对产品进行调整,调整后再次让顾客群试用,直到获得广泛的好评后就正式推出产品;如果产品失败了,就从失败中总结经验,重新再来。

总之,创客化团队这样的组织形式,就是在公司"赋能"的大平台上,让组织结构扁平化,减少管理层的监督和约束,赋予创客团队更多的自由,给予员工更多尝试创新的机会。

为了保持组织结构扁平化,赋予员工更多的创新自由,京东在内部也将创客化团队作为京东最基本的业务单元。在京东,一个管理岗位最佳的创客化团队人数是8~12人,但每个创客化团队并不是恒定不变的组织,而是根据不同的项目重新进行组织和任务分配。虽然这些团队的管理者不是随机产生的,但也足够开放和自由。要想成为这些团队的管理者,必须既有思考战略的能力，也要能在一线冲锋陷阵。

京东之所以在内部实行创客化团队管理，不仅是因为京东意识到了用户需求日益个性化的趋势，还注意到了小团队的决策反应比大团队要更敏捷、更高效。因为在一个小团队里，成员之间更容易建立类似家人的那种亲密关系，彼此之间可能会因为观点不同而争吵，但绝对不会花心思来钩心斗角，所以往往能在紧要关头团结一致。

亚马逊创始人杰夫·贝佐斯喜欢用比萨的数量来衡量团队的大小。在他看来，如果两个比萨不足以喂饱一个项目团队，那就说明这个团队可能显得太大了。团队如果太大，成员之间就会无法深入沟通，一旦出现问题，彼此就会互相扯皮、推诿，最终导致项目停顿或彻底失败。这就是两个比萨原则。

同时，为了真正做好创客化团队管理，企业的人力资源管理者首先要建立六个新的理念：

1.让企业的组织诉求从追求工作的忠诚度与满意度，逐渐转变为追求工作的幸福感；

2.企业必须要探索建立伙伴支持型的人力资源管理模式；

3.创客化团队的业务往往大相径庭，因此企业的人力资源管理者必须要承担起跨界管理的职责来；

4.雇佣社会即将消失，企业与创客化员工的雇佣关系逐渐向平等合作关系转变；

5.建立创客化员工的无边界职业生涯管理，为他们提供超越单个就业环境边界的一系列就业机会，给予他们足够的发展空间与自由；

6.建立全过程的"创客激励"制度,比如海尔的"创客所有制",就是把企业的股份激励量化到每一位创客,让每一个创客都有成为企业合伙人的机会。

第五章 一拖二原则：

京东拒绝拉帮结派，也拒绝贪腐

如果公司怀疑你贪了10万块钱，就算花1000万调查取证，也要把你给查出来。虽然贪污腐败的员工少之又少，但我哪怕1年只抓1个人，我就要投入3个人的力量，不是我为了他贪污我的钱，而是这是我创立公司的梦想。

——京东CEO 刘强东

坚持一拖二原则，杜绝"小团体主义"

在现实中，我们经常听到这样的例子：某公司新设立了一个部门，从别的公司高薪挖来一个头儿，这个头儿在入职新单位的时候，也顺便带来了原单位的整个部门，直接导致原单位的业务瘫痪了很长一段时间，甚至整个业务直接就没了。但如果不允许他带人过来，他又需要招聘大量的人，有时需要折腾好几个月的时间，培训又需要折腾好几个月，拓展市场又需要好几个月，最快也要半年之后才能在业务上有所起色。

不可否认，在互联网这样的新兴行业，因为经验丰富的人才并不多，所以许多企业在招来一个新的管理人员时，都希望他能够从原单位带同事过来，这是人之常情。从管理人员的角度来说，很多管理人员也巴不得将原公司的整个部门带过来，因为很多下属跟着他多年，大家早已经过了磨合期，彼此沟通的交流成本、磨合成本很低，工作上手很快。

但京东却宁愿慢一点儿，宁愿让管理人员在招聘、培训、市场拓展上折腾至少半年的时间，也不允许管理人员从原单位带很多人过来。当然，不让管理人员带人过来也是不通情理，所以京东才规定直接汇报的人最多只能带两个。这就是《京东人事与组织效率铁律十四条》的一拖二原则——作为新加入京东的管理人员，只允许你带两个人过来向你直接汇报。

一拖二原则的目的，就是防止京东内部的派系形成，避免滋生

"小团体主义"。

当然，在某些特殊的情况下，管理人员带来的人也会超过两个，但这种情况目前在京东只发生过一次，就是2015年3月雅虎北京全球研发中心关闭时，许多优秀的工程师"流放"到市场上，原雅虎北京全球研发中心创始人兼总裁张晨加入京东，负责京东商城技术研发工作，因为京东特批才带来了两个以上的人，但并不是都在集团直接向他汇报，超出的人都去到了京东商城、京东金融、京东到家等各个体系中。

由此可见，京东鼓励管理者任人唯贤，而不是任人唯亲，鼓励员工更看重"做对事"，而不是最看重"跟对人"。其实在职场上，许多人都认为"跟对人"比"做对事"更重要，任人唯亲的现象也并不少见。

唐代杰出的思想家、政治家韩愈曾经说过："世有伯乐，然后有千里马。千里马常有，而伯乐不常有。"因此，每个人都希望在职场上遇到一个伯乐，他不仅能发现自己的潜能，还会教授自己优秀的做事方法和经验，帮助自己展现才能，从而取得成功。

《中国青年报》社会调查中心曾对2018个人（包括8.3%的国家机关工作人员、21.5%的事业单位员工、20.8%的国有企业员工、32.4%的民营企业员工、7.9%的外企员工等其他人）进行了一项有关"山头""圈子"文化的在线调查，结果显示：74.2%的受访者表示身边确实存在"山头""圈子"现象，75.9%的受访者表示当前社会确实普遍存在以"山头""圈子"为代表的附庸思维；47.3%的受访者表示正受到"山头""圈子"或附庸问题的困扰，47.2%的受访者认为在当前社会环境下"跟对人"确实比个人努力更重要。

但如果在职场上只重视"跟对人",而忽略了"做对事",就会导致企业内部滋生"小团体主义",也就是俗称的"山头主义""帮派主义"。一个企业之所以会出现"小团体主义",最根本的原因是企业管理人员遵循"任人唯亲",而不是"任人唯贤"。

通常来讲,"小团体主义"会对企业产生四大危害:

1.导致关键部门集体跳槽。如果企业内部出现"小团体主义",就会导致任人唯亲,公权"私有",进而导致"劣币驱逐良币",迫使许多有能力、会干事的人才因发展受限、前途渺茫而选择离开,造成企业部门瓦解,尤其是一些诸如研发、销售等关键环节的部门。

2.摧毁企业文化和价值观。在"小团体主义"环境下留下的人,往往不是浑浑噩噩得过且过地混日子,就是天天揣摩领导心思,想方设法"找靠山",就会在企业内部形成"圈子文化""山头主义",对企业的整体文化氛围和价值观造成摧残式的破坏。

3.导致严重的企业内耗。日益加剧的"小团体主义"往往会使得企业各个部门发生"三个和尚没水喝"的局面,有事互相推诿,造成企业内耗严重。

4.导致严重的腐败。"小团体主义"会导致企业内部滋生因利益紧密相连且盘根错节的关系网,这种关系网往往是一荣俱荣、一损俱损,只要有一个人出现了违纪违法行为,其他人也往往脱不了干系,就容易形成窝案、串案,导致企业内部的"链条式"腐败。

在一拖二原则的管束下,京东的"小团体主义"明显要轻得多,企业内耗、企业腐败的问题也少得多,这也是京东得以飞速发展的一个重要原因。

零容忍：再小的腐败也是红线

1.京东商城服饰家居事业部、奢侈品部总监栾某利用职务便利，安排其家属实际控制的公司与其管理的部门合作违规获利，同时还涉嫌收受其他供应商的商业贿赂，违反了《京东集团反腐败条例》第六条、第二十二条的规定，被公司辞退。栾某因涉嫌"非国家工作人员受贿罪"，在办公室被警方带走，目前已被公安机关刑事拘留。同时该行贿供应商"北京中拓宁捷科技发展有限公司"负责人李某因涉嫌"对非国家工作人员行贿罪"，已被公安机关刑事拘留。

2.京东商城消费品事业部POP运营岗周某与生鲜事业部POP运营岗石某利用职务便利，收受商家商业贿赂，帮助商家违规作废促销缴费单，并违规帮助商家上线促销活动。两人违反了《京东集团反腐败条例》第六条的规定被辞退，同时周某因涉嫌"非国家工作人员受贿罪"，在办公室被警方带走，目前已被公安机关刑事拘留。

3.京东商城华北区北京备件库异常处理组主管薛某利用职务之便侵占公司商品，违反了《京东集团反腐败条例》第十九条，予以辞退处理。同时由于其行为涉嫌"职务侵占罪"，薛某被移交警方处理，目前已经被警方刑事拘留。

……

第五章　一拖二原则：京东拒绝拉帮结派，也拒绝贪腐

2016年10月24日，京东内控合规监察部通过内部网站和"廉洁京东"微信公众号发布了一则《反腐内部公告》，首次将过去一段时间查处的10起内部腐败案件集中进行了实名公布。这些内部腐败事件涉及收受供应商贿赂、职务侵占、索要供应商礼品、接受供应商宴请等违法违规行为，其中多名员工在办公室现场被警方带走，同时违反国家相关法律的行贿商家也被移交司法机关处理。这很好地表明了京东反腐的决心。

许多企业在日益壮大的同时，都会面临日益严重的内部贪污受贿等问题。企业反腐已然成了这个时代的鲜明主题。

京东也是如此。对于内部贪污受贿的问题，京东的态度是坚决打击，努力加大京东内部反腐的力度。刘强东曾说："如果公司怀疑你贪了10万块钱，就算花1000万调查取证，也要把你给查出来。虽然贪污腐败的员工少之又少，但我哪怕1年只抓1个人，我就要投入3个人的力量，不是我为了他贪污我的钱，而是这是我创立公司的梦想。这不是我狠，是因为你做的事情完全违背了我的价值观，颠覆了我的梦想。所以，别说几万块钱，几千块钱，就是你敢拿一分钱我也一定把你开掉，我不会跟你讲任何感情，我不会有一丝一毫的犹豫。"

刘强东之所以如此痛恨腐败，是因为他第一次创业失败的经历。他大学毕业后第一次创业开餐厅，但最后因为收银员跟大厨把公司所有的钱都给贪了，导致餐厅倒闭，还让刘强东负债累累。从那以后，刘强东就对内部腐败行为深恶痛绝，因此在创办京东之初就确定了一个原则——诚信。

法国启蒙时期思想家孟德斯鸠曾经说过："一切有权力的人都容易滥用权力，这是万古不易的一条经验。有权力的人往往使用权力一直到遇有

界线的地方才休止。"为了给京东员工设立权力的界线,京东不仅出台了《京东集团反腐败条例》,还设立了专门的内控合规监察部,它主要有两个方面的职责:第一是反腐败,通过预防和打击来开展反腐工作;第二是信息安全的调查,包含网络犯罪的打击和信息安全的调查。

有人会说"高薪养廉",但刘强东却不这么认为。相对于支付高薪,刘强东更倾向于用制度约束奋斗者不断积极工作。刘强东特别赞成任正非的反腐观点:"高薪不能养廉,要靠制度养廉。如果员工假积极一辈子,那就是真积极。所谓假积极就是因为制度制约了他。虽然在制定流程过程中难免存在经验不足的问题,但是如果不采取这种权力下放再制约的推动,我们就永远建立不起有效的管理体系。"在京东,为了反对内部腐败,刘强东还推行"新老派系相互制衡"的方式,打江山的"老派"负责采购,空降的"新派"负责管理,通过"派系"制衡,达到监管腐败的目的。

刘强东还认为,要为员工设立权力的界线,光靠制定反腐制度是不够的,只有通过自律的方式,从定性的角度,才能从根源上减少腐败问题的发生。因此,京东在内部不断开展各种反腐文化的学习活动和反腐培训,并通过微信公众号"廉洁京东"不断公布内部反腐信息,向所有京东人宣传诚信、廉洁的京东文化。

可以说,在京东,再小的腐败也是红线,踩了就意味着在京东职业生涯的终结。无论是找人代打卡,还是打完卡后外出办私事,还是吃回扣,只要一旦触犯了京东的诚信原则,无论员工的业绩有多优秀,都将被京东毫不犹豫地开除。

第五章 一拖二原则：京东拒绝拉帮结派，也拒绝贪腐

诚信体系再升级：举报人保护和奖励制度

刘强东认为，要想查办京东内部的职务犯罪，首先需要京东管理层主动作为，坚持有腐必反、有贪必肃，推动企业内部形成一种不敢腐、不能腐、不想腐的有效反腐机制，真正把权力关进制度的笼子；其次要懂得积极依靠广大员工和客户的力量，调动和保护大家的举报积极性，形成人人敢举报、人人能举报、人人愿举报的良好氛围。

在企业的反腐倡廉斗争中，广大员工和客户一直都是主力军和力量源泉。但很多时候大家虽然有积极举报职务犯罪的意愿，但也有害怕被打击报复的顾虑。许多例子表明，举报人及其亲属会因为举报犯罪行为而招致报复、恐吓或者其他不公正的待遇。因此大家在举报时往往最关心举报行为的保密问题。就像某个举报人所说的："实名举报就像蹦极，只有确定绑在脚上的绳子是绝对安全的，我才有勇气跳。如果脚上绑的是根头发丝，试问谁敢跳呢？"

如何保证举报人"绑在脚上的绳子是绝对安全的"，而不是"头发丝"呢？就是要企业为他们提供必要的保护性措施。

为了鼓励员工、供应商及其他合作伙伴积极举报腐败和职务犯罪等违法违规行为，加强对举报人的保护，京东特意出台《京东集团举报人保护和奖励制度》，并设立每年高达1000万的反腐奖励专项基金，对于举报违

规行为并查实的举报个人或举报单位进行高额奖励。这可以说是京东在既有反腐败制度和诚信建设上的又一次重大升级，将围绕京东平台的所有相关利益人都纳入了"反腐生态圈"。

举报人可以采用电话、电子邮件、信函、预约来访或举报人认为合适的其他形式进行举报。而为了全力保障举报人或举报单位的合法权益不受侵害，京东则推出了"特别保护名单"等多项保护措施。

如果京东的员工进入了"特别保护名单"，京东会优先考虑他的加薪、评奖等事宜，对他的奖励发放也会通过专属渠道，确保私密性得到有效保护；对于他的异动，京东也将提供更多选择和帮助；对于他的离职也会及时关注，避免他遭受变相排挤或报复。

如果供应商及其他合作伙伴进入了"特别保护名单"，就可获得豁免权、业务发展保障权及额外奖励等多重保障。也就是说，无论供应商、合作伙伴是主动还是被动向京东集团员工及其关联人员提供不正当利益，在主动举报之后都能继续与京东保持合作关系，京东将不追究违规责任，还将参照举报人奖励条款给予相应的奖励。

当然，举报必须是实事求是的，禁止恶意举报和诬告陷害。在举报情况经调查属实后，京东会根据三种不同的举报类型给予不同的奖励。

1.对于个人举报，经调查属实，京东将根据提供线索的有效性、案件性质及严重程序给予举报人5000元至1000万元人民币不等的现金奖励；

2.对于合作单位举报，经调查属实，京东将给予5000元至1000万元人民币不等的现金奖励，或结合举报单位需求给予举报单位相应广告、促销等资源类奖励；

3.对于提供直接及有效证据举报职务侵占类、非国家工作人员受贿类案件,并且最终被警方定性为刑事案件的举报,京东将给予最低5万元人民币的现金奖励。

同时,京东还正式上线了反腐网站"廉洁京东",该网站将连同"廉洁京东"微信公众号,实时同步发布京东内部反腐工作动态,进一步鼓励公司内部员工、供应商及合作伙伴积极举报腐败行为。

京东希望通过价值观宣导、举报奖励制度和司法打击等多维度相结合的方式,践行诚信、正道成功的企业文化,带头为整个电商行业营造一种良好的商业氛围,进而推动整个社会的诚信建设。

京东的这一系列反腐举措,也受到了外界的广泛关注,并得到了中纪委机关报《中国纪检监察报》的高度评价:"可以预见,当'洁身自好、走正道'成为更多企业日常奉行的基本原则,当从'老虎'落马时的'围观者'变为向内部'硕鼠'亮剑的'围剿者',当面对不正之风和腐败行为不想忍、能抵制、敢举报,整个社会风气就会有大的改观。"

然而,要真正成为企业内部"硕鼠"亮剑的"围剿者"却并不容易,尤其是因为企业之间的人才信息无法共享,造成了许多在一家企业失信的人员却在另一家企业得到了更好的机会,这对行业内的风气和用人的企业都造成了很大的损失。

于是,2017年2月24日,京东联合腾讯、百度、沃尔玛中国、宝洁、联想、美的、小米、美团、唯品会、李宁等多家企业,以及中国人民大学刑事法律科学研究中心,成立了"阳光诚信联盟",希望通过互联网的手段来加强公司治理,提高企业内控部门的履职能力,加强员工的职业道德建设，从而有效预防腐败和欺诈，打击信息安全犯罪和假冒伪劣的行为，推动整个社会的商业信用体系建设，打造整个社会的反腐生态圈。"阳光诚信联盟"约定每半年举行一次"全国反腐败峰会"，邀请相关领域专家对企业腐败问题进行深入解析，共同探讨如何有效预防、打击腐败，共同推进反腐工作建设。

2017年5月4日，京东又在"廉洁京东"网站上新增了"失信名单查询"的功能，并对外开放查询通道。这份失信名单不仅包括那些在京东集团任职期间因腐败问题而被解聘的员工，也包括那些在与京东合作期间通过不正当手段谋取利益的商家。只要你输入企业名称、社会统一信用代码或人员身份证号码，即可查询该企业或个人是否存在失信行为。这既是对失信员工和企业的约束和惩戒，也是让员工和企业在职场发展和商业发展中获得阳光透明、公平竞争的机会。

能力越大，责任越大。一贯秉承"正道成功"经营理念的京东，随着在反腐败道路上的不断探索、对管理制度的不断完善、对诚信体系的不断升级，终会让整个社会的风气大为改观。

廉洁奖励：拒绝贿赂，可拿50%奖金

2017年清明节假期，京东商城居家生活事业部员工杨某在与商家沟通完工作事宜后，突然收到商家微信转账4488元，当即在微信拒收，并电话联系该商家，告知其行为已经违反了京东相关廉政政策。京东为此奖励了杨某500元，并将该商家列入了不合作供应商黑名单。

2017年4月，京东华南区域分公司泉州分区终端管理部储备站长李某突然接到一个陌生电话，电话声称次日将有1000多件奶粉订单，请他帮忙接收并安排派送。李某感觉这是违规订单，于是立即报备到片区风控处进行处理。次日，该客户再次要求京东站点进行配送，并微信转账给李某300元，但他拒收，并告知其触犯了京东相关廉政政策。京东为此奖励了李某150元。

2017年3月，在沈阳大件运营区中心招标承运商期间，董某负责招标的相关事宜。某物流公司负责人微信转账1000元给董某，希望她帮助他们中标，董某当即表示拒绝，表示京东招标一向本着公平、公正、公开的原则。该物流公司负责人再次转账给董某10000元，董某再次拒绝，并告知对方已经违反了京东相关廉政政策。京东为此奖励董某5000元，对该物流公司终止合作意向，并纳入京东供应商管理黑名单。

2017年2月18日，京东商城居家生活事业部员工温某在打算用金融支

付软件给公交卡充值时，发现自己的账户中多了5万元，查看转账记录后发现转账人是前几日因刷单而被处理的一个商家，对方在短信中要求温某灵活处理，并表示事成后再付5万元。温某立即将钱退还给商家，并且第一时间将此事上报给了上级领导。京东为此奖励了温某25000元，同时将该商家纳入了京东供应商管理黑名单。

某商家为了让京东员工在处理抽检不合格事项中提供便利，给运营人员魏某手机充值1000元并通过支付软件转账1000元，魏某收到转账后立即汇报给上级管理层。公司为此奖励魏某500元，同时对该商家进行了清退处理，并将其列入了不合作供应商黑名单。

为了表示节日的祝福，某物流公司员工给南通大件运营中心员工刘某微信转账888元，但被刘某果断拒绝。京东为此奖励刘某444元。

为了感谢工作上的支持，某物流公司员工给佛山园区收货组同事刘某现金200元，但被刘某果断拒绝。京东为此奖励刘某100元。

……

2017年3月22日，为了更好地鼓励员工拒绝商业贿赂，营造廉洁、诚信的商业氛围，京东推出了《京东集团廉洁奖励试行办法》，对于在拒收商业贿赂方面有出色表现的员工进行高额奖励，奖金高达拒收商业贿赂金额的50%。此外，对于拒收商业贿赂的员工，京东内控合规部将提报名单给集团人资，升职和加薪时给予优先考量。但如果员工在收到现金类商业贿赂后，没有在两个工作日内主动向公司说明情况，在被公司发现或被人举报后，就会根据《京东集团反腐败条例》被认定为收受了商业贿赂，京东将视情况给予开除或移送公安机关的处罚。

从那天起，因为坚决抵制商业贿赂而受到高额奖励的事迹就在京东不断涌现。通过对廉洁行为的奖励，京东员工反对腐败的自律性也大大提高了。

在养廉这件事上，许多人推崇"高薪养廉"，认为新加坡的腾飞就得益于新加坡的高薪养廉政策。不可否认，新加坡总理和部长们的薪水确实在全球都属于较高的水平，而且新加坡政府在2007年还对总理、部长和国会议员平均加薪了25%，但这并不意味着新加坡所有的公务员都是高薪。实际上，自新加坡于1994年实行顶级公务员高薪制以后，全国能拿到100万新元以上年薪的公务员也不过30名左右，新加坡的中级官员其实只有10多万新元的年薪，而低级官员更是只有八九万新元的年薪，与企业管理者的年薪差不多，根本算不上什么高薪。由此可见，一个公务员的廉洁与否，并不是由他的薪水高低决定的。

其实，决定新加坡公务员廉洁的关键因素，是新加坡有一套严格的反腐制度。比如，新加坡每个公务员的公务应酬开支都必须如实上报，最终由部长的秘书记录成册，交由审计官员审查。而且，根据1960年新加坡政府修改的《预防腐败法》，新加坡对官员腐败采取有罪推定，一旦发现哪个公务员的生活水平超过其收入，法院就能以此为证据给予其严厉的惩罚。再者，由于新加坡国土面积不大，行政层级和公务人员相对较少，公务员的贪污行为败露的概率也大，这在一定程度上震慑了公务员不廉洁的企图。

其实，中国历史上就有过两次高薪养廉的尝试，但最终都以失败告终。中国第一次高薪养廉的尝试，是宋朝的"厚俸养廉"，结果却导致财政负担增加，官员贪腐依旧，并且"议者不以为善"。另一次高薪养廉的尝试是清朝的"养廉银"，养廉银为官员本薪的10倍到100倍，比如当时的总督养廉银为13000至20000两，巡抚养廉银为10000至15000两，布政使养廉银为5000至9000两，按察使养廉银为3000至8444两，但清朝地方贪腐情况却为史上之最。由此可见，"高薪养廉"其实是一个伪命题，真正能"养廉"的，其实是一个严格的监督体制和管理体系。

在养廉这件事上，"奖励"比"高薪"更有作为。因为"高薪养廉"是许利，"奖励先进"在修心。表彰奖励廉洁者不仅能肯定他的成绩与贡献，让先进典型在物质和精神层面实现双丰收，还能增强先进者的荣誉感和责任感，同时还能发挥模范作用，引导更多人遵循廉洁的企业文化。

第六章　ABC原则：

成功，就是关键节点的战略决策不失误

我们相信，真正的聪明人永远是消费者，任何以为自己比消费者更聪明，能够帮助消费者做出所谓聪明决策的人都是蠢货。

——京东CEO 刘强东

第六章　ABC原则：成功，就是关键节点的战略决策不失误

ABC原则：避免一个人说了算

10个人的公司、100人的公司、500人的公司、1000人的公司和10000人的公司，带队伍的方法是完全不一样的，但管理的最低要求是一致的：目标清晰，职责明确，赏罚分明。

为了做到"目标清晰"，京东制定了"客户为先、诚信、团队、创新、激情"的企业价值观。为了做到"职责明确，赏罚分明"，京东提出了"ABC原则"，以避免管理者一个人说了算，一手遮天。

什么是ABC原则呢？

京东的ABC原则也是一种ABC管理体系，分为人权ABC、财权ABC、事权ABC以及问责权ABC。

A是最上面一层的管理者，B是下面一层的管理者，C是再下面一层的管理者或员工。ABC原则，其实就是两级管理机制：对C的招聘、升职、加薪、开除、辞退、表扬等决定，都必须由A（C的上上级）和B（C的上级）来共同决定，以避免出现管理者独断专行的现象。这意味着公司的高层向下管理的级别是顺延两个层级，以京东CEO刘强东为例，他只管公司副总裁，不会管理总监级别的员工，也就是说招聘一个总监不需要经过他面试，对总监的升职、加薪、授权包括辞退等也不必给他报备，这样的管理原则有助于提高效率。

也就是说，京东的所有决策，都必须是两级内解决，但有一些情况会例外：与公司的人事制度不符；涉及客户体验类型的决策，有可能会越过两级，最终由刘强东拍板决策；涉及企业内部贪腐以及其他需要两级重大决策的重大事项。

以人权ABC为例，在京东，公司基本上只控制VP（副总裁）的招聘，总监及总监级以下的员工，全部是由各个BG（业务组）和BU（业务单元）说了算，但前提是要遵守京东的人事制度，人力资源部门会对招聘进行审核。因此，当管理人员B招聘一个员工C时，对其的薪酬承诺、职位规定只要符合了B和A这两层管理人员的要求，人力资源部门是无权说"不"的。但如果人力资源部门发现B对C的招聘根本不符合公司的各种人事制度，比如你招聘一个副总监，却开出了副总裁的薪酬待遇，这明显与公司的人事制度不符，人力资源部门就有权力说"不"。

以刘强东为例，身为京东CEO的刘强东是A，京东商城、京东金融、京东到家、京东智能、京东海外事业部等业务体系和财务、人力资源、公共事务、技术等职能体系的各个负责人是B，这些体系下面的副总裁就是C，对于C的招聘、升职、加薪、开除、辞退、表扬等提名，都必须由A和B共同决定，A不可以跳过B给C加薪和升职，B也不能不通报A就给C加薪和升职。HR则在一旁监督A和B的决定是否符合公司的价值观和普遍人事的政策。由此可见，即便是身为京东CEO的刘强东，对公司单一员工也没有决定生杀的权力。

ABC原则不仅帮助京东避免了管理者一个人说了算、一手遮天的情况发生，也有助于建立一个伟大的团队。

美国当代杰出的组织理论、领导理论大师沃伦·本尼斯在讨论什么是"伟大团队"时，就曾指出："现在企业面对的问题是如此复杂，以至于像以往那样仅仅依靠某个'天才'的力量来解决是行不通的，而是需要一群具有不同学科背景但拥有共同愿景和理念的优秀人才的组合来完成。这样一个人才的聚集就是现代企业组织所必需的'伟大团队'。"

日益激烈的竞争，让现代企业从独立时代走向团队时代，企业再也不是由单个优秀的管理者独裁的时代，而要通过全体管理人员的密切配合，才能使整个公司焕发出生机和活力，才能使团队增强战斗力，才能从容面对市场挑战。

人岗匹配，把合适的人放在合适的位置上

为了保证关键节点的战略决策不失误，首先要保证选择决策者的机制要到位，因此京东一直坚持人岗匹配策略，即把合适的人放在合适的位置上，专业的人就应该做专业的事，这样企业在发力的时候，团队才能跟得上。比如，在京东，企业文化是企业文化部主导的，其他部门听其指挥，给予配合；专业课程研发是业务部门来做，京东大学就要为这些业务部门服务。

人岗匹配主要包括三个匹配：

1.角色认知匹配：岗位所定位的角色和管理者自己认知的角色要匹配。不能企业认知你是营销副总裁，你却把自己当成总经理。要知道，角色不同，要求不同。角色会影响行为，行为会影响收益。

管理者在公司的工作表现的好坏，其实不是评价管理者个人能力的关键，而是评价角色与管理者匹配的关键。也就是说，如果你做错一件事，但可能会因为角色对了，而得到好的评价，如果你做好一件事，但可能会因为角色不对，而得到一个不好的评价。比如，如果你是领导，加班就没有表扬，因为对领导这个角色的认知是领导就应该加班，而普通员工加班就有表扬，这也是员工的角色所赋予他的认知。

需要注意的是，管理者的层次不同，分为高层、中层和基层，需要履

行的角色自然也有所不同。在过去，企业的高层往往是解决问题者，中层是执行者，基层是听口令者。而进入互联网时代后，管理者的角色似乎有所变化：高层是隐患排除者，中层是具体解决问题者，基层是解决方案提出者。

2.任职资格匹配：岗位所需要的任职资格条件要与管理者个人的任职资格条件一致。

任职资格主要包括四个维度：

（1）知识维度：任职资格所需要的知识。知识分为广度知识和深度知识两种。当你知识的广度越全的时候，也就是知识结构明确了。对于管理者来说，往往是随着职位的越来越高，知识的广度也越来越高。因为当管理者的知识结构明确的时候，员工就有学习方向，这个学习过程叫学习地图，也是企业大学非上课时间学习的重点方向，叫学习地图法。

比如，京东在招聘技术主管时，不仅会要求对方是计算机专业、本科以上学历、同行工作三年以上这些基本的招聘条件，还会要求对方必须懂计算机知识，还得懂电商、物流知识、ERP（企业资源计划）知识、财务知识，只有具备了这些才算是有一个好的知识结构，才能真正胜任这个岗位。

（2）经验维度：任职所需要的经验。经验，也叫隐性知识，是长期实践总结出来的东西。如果把一家企业比作一艘船，管理者就是"船长"，坐过船的都知道，真正开船的都不是船长，而是大副，但一旦遇到关键时候，比如大风大浪来的时候、晚上靠岸的时候、晚上遇到暗礁的时候，船长就出现了，运用他的经验来指挥船的驾驶，渡过危机。企业的管理者也是如此，当企业遇到问题时，管理者的经验就派上用场了。

（3）技能维度：任职所需要的技能。人的技能有很多，每个人擅长的技能有所不同，每个岗位对技能的要求也各不相同。如果是一个对事执行类的岗位，就会要求任职者具有"专业经验+发现隐患并排除"的能力，比如为了不断提升用户购物流程的流畅性，京东的技术总监就要对内核代码进行不断检测，及时解决各种性能问题。如果是一个与人打交道的岗位，就会要求任职者具有"情商+亲和力"，如果任职者是居于决策者的角色，就需要资源整合能力，比如京东的人力资源总监隆雨之所以能在短短几个月就做完京东的人才盘点，靠的就是她强大的资源整合能力。

（4）成果维度：任职岗位所要达到的成果。要核算员工的工作成果，企业就要定岗、定编、定薪。从人力资源管理来看，企业在核算工作成果上一般有以下四种情况：

两定法：定岗、定编法；

三定法：定岗、定编、定薪法；

四定法：定岗、定编、定薪、定责法；

五定法：定岗、定编、定薪、定责、定员法。

3.岗位素质匹配：岗位所需要的素质特征要和管理者个人的素质特征一致。

素质，指的是人们在无压力、无约束下的一系列行为反映与习惯。所以，企业在测试一个员工的素质时，要了解他在无压力、无约束、领导不在时的状况下的真实表现，那才是素质。

一般来说，对企业管理者的素质测评主要有两种方法：

（1）无领导小组测评：让十几个人组成一个临时工作小组，丢给他们一个问题,规定他们在固定的时间内讨论,并做出决策。比如给他们一个题目:最近公司效益不好,准备裁员50%。每个人各自代表一个部门领导者的角色,如业务经理、物流经理、采购经理等。各部门自己商量如何裁员,如果商量不出来,就每个部门裁50%。

在无领导的情况下,人们很容易暴露自己的真实素质:有些人会一声不吭,摆出一副事不关己的样子;有些人总是和别人对着干,别人说他一句话,他就给人穿小鞋,这些都是不具备管理者素质的表现。有些人在讨论一开始主动提出"选组长",有些人积极热情地发言,有些人把大家的意见收集起来,这都是具有管理者素质的表现——看到问题,能主动启发、主动解决,而不是等待解决。

(2)素质冰山模型:企业最常用的是麦克利兰的素质冰山模型,大概包括四个层面:第一层是行为结果层,第二层是技能态度层,第三层是个性特征层,第四层是内在动机价值观层。行为结果和技能态度很容易探测,但个性特征和内在动机价值观就不容易探测到了。

人的性格是很复杂的,因此我们对性格的分解维度就比较复杂。企业最常用的性格分解维度,是戈登伯格的"大五人格论",它从五个维度去分解人的性格:宜人性、开放性、外向性、情绪稳定性和责任感。不同岗位的管理者所需要的核心素质不同,基层管理者的核心素质要看责任心,中层管理者的核心素质要看进取心,高层管理者的核心素质要看事业心。通过"大五人格论",能很好地帮助企业探测管理者的素质是否与岗位匹配。

企业管理有个鸡蛋理论:鸡蛋从外面打破是食物,从内部打破是生命，说的就是内在动机的问题。如果一个爱迟到的员工突然不迟到了，原因是他认识到了迟到的错误，这相当于鸡蛋从内部打破了；如果他是因为害怕被罚款，就相当于鸡蛋从外部打破了。企业需要的人才，肯定是能从内部打破鸡蛋的人，而不是从外部打破鸡蛋的人。

价值观指的是对事物的本质看法，是很难改变的东西。别的价值观姑且不论，就拿工作方面的价值观来看，员工和企业之间至少在工作观上要一致。一般来说，员工在工作方面的价值观，也称为工作观，主要分为五个等级：

第一级：为钱而干，把钱放在第一位，有钱就干，没钱就不干；

第二级：为领导干，领导看见就干，领导没看见就不干；

第三级：为自己干，为了锻炼自己的能力、提升自己的能力而干；

第四级：为组织干，为了促进企业的发展而干；

第五级：为社会干，为了促进整个社会的进步而干，这是最高境界的工作观。

要想成为企业的管理者，至少要具备第三级及其以上的工作观。

企业只有做到了以上三个方面的匹配，才算是真正的人岗匹配，才能让人才的作用最大化，企业才能获得最大绩效，这就是京东成功的秘诀。

如果不让员工试错，就没人敢创新

2017年6月18日，刘强东在给全体京东员工的内部邮件中写道：

"未来的京东需要在技术的引领下开拓创新。过去，我们敢想敢做，高效执行，屡屡在细节、流程、战略上打破陈规，重塑了行业服务标准，革新了用户消费体验。但今天，我们已经能够强烈感受到技术带来的激荡：拍照即可实现商品搜索和购物的应用，沉浸式购物体验的AR、VR，支持自动结账、刷脸付款的无人超市，能够自动下单订购生鲜食品的智能冰箱……大家都在不约而同地探索未来零售的新标准。人工智能和机器人技术将再一次掀起新的产业革命，之前，我们用了很长时间让大家认同我们是一家非常成功的零售公司，但我毫不怀疑用同样长甚至更短的时间一定会让大家也认同京东是一家非常成功的技术公司，因为创新一直都是京东人弥足珍贵的品质和锐意进取的动力。公司也将从文化重塑、组织结构、激励方式等方面寻求巨大的改变，给予创新以包容和试错，保障技术转型的全面落地！"

不只是京东在追求创新，所有的互联网企业都在追求创新，因为在市场竞争日益激烈的情况下，只有不断创新才能活下来。就像腾讯创始人马化腾说的："创新，才是我们永葆青春的方式。互联网从来不论资排辈，没有先来后到。无论是应用还是平台，无论是员工还是管理者，都应该敢于挑战、勇于试错。正是因为不断地尝试，经历过失败，才能深入学习，才能宽容失败，才能理解多样性。新的挑战带来新机会和新活力，实时激发我们个人及团队的灵感。"

不过，创新也是有成本的，因为不是每一次创新都能成功，大多数创新都是以失败告终。因此，刘强东在京东内部强调"要有一套机制来鼓励创新的想法，要有一定的投入来鼓励创新实践"的同时，也强调"要有一定的创新失败容忍度"。在刘强东看来，"如果不让员工试错，一味惩罚错误，到最后就没人敢创新"。因此，他对管理者工作中的错误很宽容，因设计考虑不周、规划跟不上发展变化，造成几十万甚至上百万的错误，他都可以原谅。他经常跟一群高管开完会后，私下感叹："不知道这又要赔多少钱，让他们先做，这比上MBA管用。"

比如，2010年，京东决定推进图书品类上线，从未做过图书品类物流的京东，在开始的时候因为没考虑清楚，将应该可移动的板架做成了固定的，直接报废了一两万块板架，损失几十万元。在上海南翔建造两层楼的仓库，建成后却发现不是最有效率的设计，不得不马上拆了再建，这直接给京东造成了100多万元的损失。

但刘强东认为对失败的容忍都是有价值的，因为如果不宽容失败，就会变成每个人不愿意改变，就想着拿现成的凑合用，反而会大大阻碍企业前进的脚步。京东是变化极快的公司，刘强东测算过，当订单达到200万的时候，公司内部的协调就变得特别复杂了，组织形式和管理方式也都发生了巨大的变化，就不再是简单的投资建仓的问题了。京东始终在变化，如果管理者不鼓励创新，不鼓励改变，那企业还能有什么未来呢？

腾讯创始人马化腾曾经说过："在面对创新的问题上，要允许适度的浪费。怎么理解？就是在资源许可的前提下，即使有一两个团队同时研发一款产品也是可以接受的，只要你认为这个项目是你在战略上必须做的……没有竞争就意味着创新的死亡。即使最后有的团队在竞争中失败，但它依然是激发成功者灵感的源泉，可以把它理解为'内部试错'。并非所有的系统冗余都是浪费，不尝试失败就没有成功，不创造各种可能性就难以获得现实性。"

刘强东自然也深知这个道理，因为某些领域在早期探索阶段会存在不同的路径和演进方向，所以在资源允许的情况下，就要让两三个团队沿着不同的方向同时推进。通过这种"内部试错"的方法来大大提高成功的可能性。事实上，当每个方向的研发进行到一定阶段，路径就会逐渐变得清晰起来，这时几个团队之间就会进行调整和合并。因此，在面对创新的问题上，企业要做的，就是鼓励创新，并允许适度的浪费。

第七章　No No No原则：

拒绝傲慢和膨胀，时刻警惕大企业病

在大环境的变革转型期,向内看,我们要时刻警惕大企业病的滋生和蔓延,传承京东一直以来艰苦奋斗、客户第一的传统,不能有一丝一毫的傲慢和膨胀,对消费者、对合作伙伴、对社会保持一颗敬畏之心、谦卑之心;向外看,我们要有开放透明的心态和格局,秉持正道成功的发展理念,与产业链上下游的合作伙伴求同存异,带动行业实现包容性增长,与大家实现共赢、共生、共存。

——京东CEO 刘强东

第一个No，鼓励内部创新，尤其鼓励微创新

《京东人事与组织效率铁律十四条》中，有一个"NO，NO，NO"原则。第一个NO：如果有人提出对公司长远发展有利的建议，不允许你说"不"。其实，这就是不允许对创新说"不"。

创新，是京东一出生就有的DNA。京东从第一天起，业务模式就是一个创新。在京东早期，刘强东首创电商的"荷兰式拍卖"，就吸引了众多眼球，为京东带来了不小的流量。从那时起，创新就成了根植在京东的DNA，成了每一个京东员工的责任。到了2013年，京东更是将创新纳入了京东核心价值观，将创新融入到京东的方方面面。

毋庸置疑，创新一直都是京东的核心竞争力。京东的电商、金融、技术三大板块以及京东着力追求的消费者体验、成本管理、质量控制，都坚持把创新放在首位，摒弃同质化、过度竞争价格的方式。这其中既有技术创新，又有商业模式的创新，还有管理和团队建设的创新。可以说，创新体现在企业经营、企业管理的各个环节、方方面面。

和很多大公司不同——它们整天想做大事，憋着劲地大创新，结果往往把自己憋出了"内伤"，就是你所谓的创新已经被别人变成了产品和新的市场，京东更鼓励微创新。要知道，这是一个需要"抢"的时代，创新也要先发制人，抢在别人前面才叫"新"。而且，很多时候我们正是在小

的创新中发现了大的机会，成就了大的事业。

刘强东一直很欣赏海底捞的微创新模式。海底捞的成功，得益于它的特色服务，而这些特色服务就是微创新。海底捞的每个店面里都有一个金点子排行榜。员工不断提出新的建议，经过众人讨论后，一旦可行便会付诸实践，进而在整个海底捞推广。有数据显示，海底捞每年从员工搜集到的创新提案有六千多条。

海底捞的所有特色服务创意几乎都源于员工日常的工作。员工看到顾客眼镜被火锅熏得雾蒙蒙的，于是"发明"了眼镜布；看到顾客的头发沾到了碗里的菜，于是"发明"了头发绳；看到顾客的手机沾上了火锅油，于是"发明"了手机袋；看到许多顾客关心拉面的新鲜度，于是"发明"了"甩面表演"；看到每天排队等座的顾客特别多，而且许多顾客还时不时询问是否排到了自己的号，导致叫号的员工嗓子都叫哑了，于是发明了著名的"白板叫号"。

为了激励员工的创新热情，海底捞把创新分为几个档次，分档次进行奖励。最基础的创新，只要员工写二十多个字，甚至连提议和具体方案都不用写，能把顾客最大的吐槽点和抱怨提交就行，一旦被认定有价值，就会给提交的员工200元的奖励。如果办公室人员将那些有价值的基础创新提议做成一种工作指引，形成文案、工作说明等，去指引和管理员工，被认定有价值后，就会给予500元的奖励。如果某个店长拿着员工提出的好的创新或者成型的工作在自己的店铺中推行，大受好评并形成了项目结果，就会拿到2000元的奖励。

由此可见，创新的核心就是让员工"人在企业，心也在企业"。激发和鼓励每个基层员工的改进意识和创新意识，这也是京东一直坚持的创新精神。

京东在物流配送上进行了夜间配送、定时达、211、极速达、京准达等微创新，提高了行业效率，也成了行业标杆。

京东的客服中心创建了JIMI智能客服机器人、四全网络监控、一起帮、京友邦、京蜜等一系列创新服务模式，也因此屡获中国客户联络中心最佳公益奖、中国最佳客户联络中心奖、中国客户服务杰出贡献奖等奖项。

京东的高管在去腾讯总部交流的时候，看到腾讯大讲堂每月会举办一次微创新奖评选后，深受启发。腾讯微创新奖中奖的产品可能非常小，甚至只是一个功能点，但这样的激励方式却极大地鼓励了腾讯员工的创新激情。你不需要做出什么伟大的创新产品，只要你能对工作做出一点细微的改进，哪怕只是提升了一点点用户体验，也可以申报微创新奖。

于是，京东很快也在公司内部设立了微创新奖，每季度举办一次，每次的奖金总额是5万元。第一期的微创新奖从宣传到手机作品，时间不过三周，说明员工的参与热情很高。为了进一步激励员工创新，京东又学习南阳理工大学某个学院的光荣墙——专门有一面墙展示着该学院每年各专业成绩第一名的同学，设立了一个"微创新墙"，从精神上表彰这些微创新的员工，也激发其他员工的微创新热情。

2017年京东又启动了"京芽杯"创新大赛，面向全体员工选拔50个最具创新价值和成长潜力的新芽创新项目，给予618万创新基金及集团资源全线出击的奖励。每个新芽创新项目将直接领取5万创新基金，同时获得创新孵化、人才培养等专属资源支持，而且所有新芽项目将根据孵化成果参加该年度的终极PK，获胜者将获得京东年度创新项目终极大奖。

很多企业管理者曾感叹："大树底下不长草。"意思是说，当你在一个快速奔跑的大组织里，尽管你可能有对新业务的新想法，但你却很难从组织里获得资源，也很难得到组织的重视和支持。不可否认，对于一个拥有庞大体系的公司来说，如何让创新的种子真正地生根发芽，确实是一个巨大的考验。而对于京东这样一个庞大的强调高执行力的公司，之所以能够把这种自我革命和创新真正地孵化出来，让员工在最熟悉的领域做出一些新东西来，而不被颠覆，就是因为它让创新成为自己的DNA，它拥有创新的土壤和氛围，这都是注重微创新的结果。

第七章　No No No 原则：拒绝傲慢和膨胀，时刻警惕大企业病

不仅鼓励内部创新，还鼓励内部创业

当然，对于一家以创新打造核心竞争力、高速前进的电商企业来说，光是在内部鼓励员工微创新是不够的，还要鼓励内部创业。内部创业孵化作为一种新的工作模式终将成为趋势，并获得了大多数企业的青睐。

于是，京东着力打造了孵化器——"JD+孵化器"，不仅对外部项目进行投资，更是大力倡导内部创业。

在这个追求颠覆的创业时代，大公司都抱着"与其被别人颠覆，不如自我颠覆"的想法，不断思考、尝试新方向，战略布局各个产业链条，以达到"走自己的路，让别人无路可走"的效果，这就是内部创业。微信就是腾讯内部创业的一个最佳成功案例。

众所周知，腾讯是靠即时通信软件QQ起家的，并迅速发展成了中国的BAT三巨头之一。就在大家以为腾讯会专注于QQ的业务挖掘时，腾讯却推出了QQ的一个竞争对手——微信。凭借对移动互联网的深刻理解、对人们社交需求的深度满足，微信迅速成了腾讯产品中的王者，腾讯的大量资源也都迅速向微信集中——腾讯于2014年5月6日宣布成立微信事业群，将其设立为腾讯的第七大事业部，众多互联网人士将此日叫作"微信独立日"。

京东金融也是京东的一个内部创业项目。2013年，陈生强发现，中

国的金融机构虽然很多，但缺乏能够帮助金融机构提升效率、降低成本、增加收入、更好服务实体经济的科技公司，于是陈生强选择内部创业，于2013年10月开始担任创业公司京东金融的首席执行官，负责京东金融业务的建立和发展。

京东金融的定位是金融科技公司，坚持以数据为基础，以技术为手段，搭建起九大业务板块——供应链金融、消费金融、众筹、财富管理、支付、保险、证券、农村金融、金融科技，创造了一个服务金融机构和非金融机构的开放生态，致力于与金融机构共同服务企业和个人，提升金融服务效率，降低金融服务成本。

不过，和微信相比，京东金融还处于不成熟的创业阶段，但它却是京东在未来要重点挖掘和突破的方向。对于京东金融未来的发展，陈生强信心十足："我一直坚信，你做事情的出发点，决定了事情最后会变成什么样子，决定了你能走多远。其实最开始，我们就认为，做金融科技，应该有两大价值：一是有长期价值，能为行业不断的降成本、提效率；二是有社会价值，能够为普通大众创造福祉。到现在，我们依然坚持着这个初衷。"

仅用了四年的时间，陈生强就带领京东金融成为金融科技巨头，他也因此荣获了2017年度创业家颁发的"年度创业家特别奖"。

京东的内部创业，也并不全是京东金融这样的大项目，也可以是一些满足部分用户需求的小项目。比如，京东曾开了一个微信公众号，来做办公室O2O，名字叫作"诚食"，办公室员工有任何需求都可以提。

第一天，负责项目的几个员工就去菜市场选定两个合作摊位，要求摊

第七章　No No No 原则：拒绝傲慢和膨胀，时刻警惕大企业病

位每天下午几点之前预留一些新鲜的蔬菜。

第二天，负责项目的员工发放纸质宣传单给本层办公室的所有同事，说只要大家在下午两点之前写好需要什么菜，下班前就会有人负责送到工位上。为了促销，首单免两元。

第四天，增加下午两点的水果餐。

第五天，设置"哪一个时间点你可以下什么单"，并开始测试订购午餐送酸奶，送完酸奶，发现订单爆了。

第六天，对爆单表示道歉，给每个昨天订午餐晚到的用户赠送一个水果，并根据用户反馈，增加了下午茶的SKU（库存量单位），然后计划关掉一些项目。

第十二天，提供了"阿姨代买菜"服务。

第十三天，增加新功能——"阿姨说"，每天上面有两个"阿姨"，一个"阿姨"擅长挑肉，一个"阿姨"擅长挑菜。两个"阿姨"会根据当天的蔬菜情况，在微信公众号上说"对于今天应该吃什么，不应该吃什么"，不过使用该功能要加五块钱。

第十四天，对项目进行Review（复查），决定不做订单，而是让项目员工去观察每一个人，包括还不是这一类服务的用户，他们被什么东西吸引，可以第一次产生购买；然后测营销，测你对用户的洞察。这样员工就不再从商品品类的角度思考问题，而是从人性的角度去思考问题。

接下来，项目经历了关闭早餐和午餐、卖酸奶杯、自制酸奶、牛轧糖的过程，又开始做办公室C2C平台，开Market Place（集市），先后尝试摆摊售卖水果、生鲜、卫生巾等产品。从整个过程来看，好像是在胡闹，

但对员工是一种很好的锻炼。通过这个项目，员工在营销端、供应链端积累了很多经验，比如订单量小很不好送、哪些东西容易碎、如何与用户建立关系，从做关系，到做连接、做互动、做社会化、做高频、做痛点、做接触点、做集单，一步步得出结论：只要把订单规律化、集中化，物流成本就降低了。

这种内部创业，其实就是让员工以"小尝试，快尝试"的思路做事，小步快跑。对于这种内部创业，京东通常遵循三个指导原则：

1.不准优化效率。在验证用户要不要这个产品时，不允许产品有优化效率，因为优化效率是在模式已经验证完了之后，用户喜欢这个东西，你的解决方案也靠谱，这时候为了节省成本才使用的。

2.改KPI（关键业绩指标）。比如，当项目成员发现今天卖50个盒饭，明天能卖100个时，会很有成就感，往往会选择卖更多的盒饭，这时京东就会改变他们的目标，将目标变成"让这一栋楼所有人都买过你的东西，不管是什么"。目标的改变，就会使他们的关注点由那些买过盒饭的人变成没买盒饭的那些人，开始去思考那些人为什么没有买，什么东西能促使他们发生第一次买等问题。

3.用一些引导技术从下往上把东西给找出来的思路。京东不偏向于从上往下推一个东西，而是偏向从下往上推。世界上有一些技术，能把一个特别困难的问题变成很多个很简单的问题。这有点儿像我们要想出一个问题的解决方案，第一步不是去想解决方案，而是先思考在各种环境下，有哪些不靠谱的点子，再让大家相互给其他点子打分；打分的过程中会对大家有所启发，从而想到其他方法，再把这些方法写在横轴、竖轴上打分，

第七章 No No No 原则：拒绝傲慢和膨胀，时刻警惕大企业病

最后变成只需要给旁边两个点子打一下分，就能让他们把事情做出来。

由此可见，京东在进行内部创业尝试时，是通过"不允许做效率优化、改KPI、用引导技术从下往上把东西给找出来"的玩法，去刺激大家思考"如何做创业项目"，这才能真正激发员工的创业潜能，从而为京东提供更多的创新能量。

第二个No，促进跨部门协作，保持目标一致

京东"NO NO NO"原则的第二个"NO"，就是别的部门如果来求助你，而你没有事实或数据能够证明别人的需求是不正确的，你就不能说"不"。你要说"不"，一定要通过A、B两级，或者通过你和你的两级共同说"不"才可以。京东追责的时候，也是两级追责。

大企业病的一个显著特征，就是跨部门协调困难，比如你找法务部办点儿事，或是找财务部办点儿事，或是找人力资源办点儿事，经常是皮鞋都跑烂了，对方却还是没完没了地说这不行那不行，这不符合规则，那不符合规则，总之就是跟你说一大堆"NO"。

为什么大企业里的管理者都喜欢说"NO"呢？从人性的角度来分析，是因为说"NO"是最简单的方式，说完一个"NO"后，他就什么都不用干了，但如果一说"YES"，可能就要忙活好几个月。

为了保证这个强制性的原则落到实处，京东还做了一个网格状的系统，要求每一个管理人员都必须列出需要与本岗位配合的其他部门，不管10个还是20个。

为了解决跨部门信息沟通、协调困难的问题，京东在内部设置了一种跨部门、跨体系的秘密组织，内部称为"虚拟项目组"。每年京东会根据战略需要设置几十个这样的虚拟项目组，只要遇到重大的项目需要跨部门

第七章 No No No 原则：拒绝傲慢和膨胀，时刻警惕大企业病

协作，京东就会成立一个专门的虚拟小组。

根据项目的需要，虚拟小组的成员可以包括仓储部门、配送部门、客服部门、财务部门等各个部门的成员，这些人组合起来，共同完成项目任务、项目目标。而当项目结束之后，虚拟小组也就宣布解散，每个人也就回到自己原来的部门。

京东的第一个虚拟小组，源于一次广告系统开发，这个系统涉及研发部、市场部、财务部和销售部等众多部门。如果通过不断地面对面式的头脑风暴来制定方案，一年的时间都开发不出来，于是刘强东想到一个办法：建立一个项目组，把相关部门的人集中起来，一块办公，让他们在一定的时间内只做这个系统，开发成功之后就给予这个团队一笔奖金，然后项目组成员又回到原来的部门工作。

京东最知名的虚拟小组，要属京东的电子发票虚拟项目小组了。京东副总裁蔡磊发现，随着京东订单量的飞速增长，纸制发票的成本也迅速增加：按照一年5亿个订单计算，每单都要打发票，那么仅纸张成本一项就接近1亿元。而且，纸质发票的效率也不高，当时光是京东的一个北京仓库的发票工作就需要二三百人，先是手工打发票，然后分拣发票、确认发票、再分装到包裹里，最后快递给客户。要是发票打错了，还要红字冲销，效率低不说，还容易产生很多隐性成本。于是，为了节省成本、提高效率，蔡磊于2013年5月发起成立电子发票虚拟项目小组。

不过，电子发票项目立项并不容易。虽然国家发改委在2012年就发出了通知：相关城市可提出建设电子商务示范城市申请，试点城市可提出推广电子发票要求，但是，京东在与各地税务机关沟通中发现，因为种种

原因，基层税务机关没能推动电子发票的事宜。因此，当时获得国家发改委批准开展电子发票试点的城市只有5个：重庆、南京、杭州、深圳、青岛，恰恰没有北京，而且这5个城市都不是京东贸易公司所在地。

在获得刘强东的认可和支持后，蔡磊和政府事务部一起多次向各省市领导和政府有关部门提出京东发展电子发票的诉求，并最终取得了政府高层的批示支持，电子发票项目才得以正式立项。

在推动电子发票落地过程中，蔡磊发现，自己的团队只擅长处理发票管理、方案设计、发票制度、风险控制等税务财务工作，却对系统开发一窍不通。而电子发票是一个创新的东西，需要京东重新开发IT系统才行。于是，蔡磊找到了京东的信息部，要求部门协作。当时信息部的各项工作日期已经安排得满满的，但为了大局考虑，还是安排了专门团队支持电子发票项目的技术和系统开发。在整个团队连续两个多月加班加点工作的情况下，京东最终于2013年6月27日下午6点在北京开出了中国电子商务行业的第一张电子发票。

电子发票虚拟项目小组的大获成功，让京东变得越来越重视员工跨部门协作的能力。对虚拟小组的管理，京东分为实线和虚线两条线来管理。实线，就是虚拟小组的成员虽然集中在一起工作，但他们在人事关系上还是属于原来的部门，需要向原来部门的领导汇报工作。而虚线，就是虚拟小组的成员不仅要向原来部门的领导汇报工作，还要向虚拟小组的负责人汇报工作，而且第一汇报人应该是项目小组，而不是原来的部门。

进入虚拟小组后，员工在原来部门的工作会交接给别人，而专心于虚拟小组的工作，这样就避免了跨部门协作与员工原来的工作发生冲突。

京东以前对员工的考核主要考核他在部门工作的业绩和表现，而没有注重跨部门协作的表现。因此，即使一个员工拒绝与其他部门协作，他的个人业绩、升职、加薪都不会受到太大的影响，这样的结果就是"各扫门前雪""劣币驱逐良币"。因此，在对员工的考核上，京东专门增加了一个非常重要的指标——跨部门协作能力和表现。这项考核在京东整体的考核体系中权重很高，可能比员工本身的业绩更加重要，而且越是高级管理人员就越是重要。

也就是说，有了这项考核指标后，要是一个员工将自己部门的工作完成得很出色，但他在虚拟小组协作过程中表现不佳，被其他部门投诉过，那他的整体考核成绩就不会很高。这其实就对京东的管理人员提出了要求，即在公司或者项目有协作需求的时候，你必须努力去满足，而不是相互推诿，将其拒之门外。

企业是一个整体，只有所有员工保持目标一致，在做好本职工作的同时，做好跨部门协作，才能保证企业在前进的路上跑得又稳又快，也才能实现员工个人的价值和梦想。

第三个No，禁止隐瞒情况，保持信息畅通

每个成功的企业都是一个有机的组织，都遵循着目标一致性、分工协作、责权关系、信息畅通这几大基本原则。京东也是如此，京东的"No No No"原则中的第三个"NO"，就是禁止任何管理者隐瞒情况，保证内部的充分沟通。这其实就是要求京东的管理人员遵循信息畅通原则。

众所周知，一个组织中的各个部门和组织成员的工作都是靠信息的交流——自上而下、自下而上和同级之间的信息交流来维系的，可以说信息交流就是一个组织的血液，是企业内部提升各部门和各组织成员之间沟通和协作能力的基础。实际上，组织的一切行动都离不开沟通。因此，所有成功的企业都遵循着信息畅通的基本原则，在内部保持高效的沟通，京东自然也不能例外。

在京东的高级管理团队中，各个成员的个性不同、经历不同，来京东之前所处的行业也不同——有的是从京东内部逐步培养起来的，有的来自传统零售企业，有的来自互联网企业，有的甚至来自机械制造企业。但从这些看似截然不同的人身上，我们又能看到一个共通之处，即他们有着相同的价值观和对生活、事业的态度——"客户为先、诚信、团队、创新、激情"。

刘强东曾经说过，价值观不符合的人，能力再强也不能要。因为有着

第七章 No No No 原则：拒绝傲慢和膨胀，时刻警惕大企业病

相同的价值观，是保证管理层彼此之间充分沟通的基础。在有些企业里，一把手常常会为了促成几位副总之间的配合而伤透脑筋，刘强东不希望这样的事情在京东发生。

在保证内部充分沟通、遵循信息畅通原则这件事上，刘强东一直都是以身作则。比如，在刘强东决定聘请一个高管加入京东前，都会在高管层内部进行充分的沟通，并逐渐形成了一个三级沟通的体系：

1.第一级沟通：在决定聘请一个高管之前，京东人力资源的副总裁会与高管进行多次沟通，讨论最基本的问题，比如价值观、薪资待遇、福利待遇等。如果双方沟通顺利，就会进入第二级沟通。

2.第二级沟通：在人力资源的副总裁与其沟通之后，刘强东会和这位准高管进行一次非常坦诚的沟通，比如讨论京东在某方面的规划、这位准高管进入京东将面临的机遇和挑战等。如果双方沟通顺利，就会进入第三级沟通。

3.第三级沟通：最后，刘强东的助理会与这位准高管进行一次沟通，详细告知刘强东个人的一些特点，比如刘强东的脾气、秉性、有哪些优点和缺点等。这是因为助理在刘强东身边的时间最长，对他也最为了解，提前告知刘强东的个人特点，能大大促进双方在以后工作中的有效沟通和高效协作。

通过这个三级沟通的体系，即将上任的高管能清楚地知道自己拥有的授权范围：能签的每一笔支出额度是多少，人事权和财务权有多大，部门目标是什么，以及他面临的困难是什么，看是否符合他之前的预期，等等。京东希望通过这些能让即将上任的高管看到事实性的东西，让他自己

去平衡现实与预期,因为他如果预期太高或预期太低都容易出问题。只有他的预期与京东的现实对等,这样他才能在进入京东后与其他高管融洽相处,进行有效的沟通和高效的协作,为公司创造更大的价值。

　　当然,京东这个高度注重坦诚的沟通方式也吓跑了很多刘强东看好的准高管,但这不是什么坏事。京东的这种三级沟通体系就像是一个筛选机制,淘汰了那些不适合京东的人,留下了那些真正能和京东一起迎接挑战、共同奋斗的人。

第八章 "24小时"原则：

高执行力的关键，在于你是否用心在做

在过去几年里,成功的或者说让我们团队自豪的,让投资人放心的,这是唯一一支可以在任何垂直行业都能成功的一个团队。其他的电商公司还没有哪一家能做到这一点。

——京东CEO 刘强东

"24小时"原则；在京东生存，最重要的是体力

《京东人事与组织效率铁律十四条》中，有一个"24小时"原则，就是公司管理人员的手机必须24小时开机，任何一个管理者接到下属用电话、邮件、短信、微信发来的请示时，必须在24小时内给予回复，必须是给"Yes"或"No"，不允许含含糊糊。

京东不允许管理者说"我想一想"，因为许多人经常一想一个月，最后完全忘了。当然，管理者也可以说现在没法做出决定，并要求下属提供数据，这也算一种回复。总之，对于下属的请示，管理者必须要有明确的命令，不能不回复，也不能给予含糊的回复，比如你"你看着办吧"之类的回复，但可以换一种说法——"我授权给你决定"，也算是一个回复。

为什么定24小时？刘强东回答道："因为全世界飞行时间最长就是从悉尼飞到阿拉斯加的17个小时。24个小时你还剩7个小时去思考就足够了。如果你24个小时内不回复，作为管理者，年终考核的时候，下级对他就会打低分。"

由此可见，京东的24小时机制其实是对上一级决策速度的管理，是对管理者的管理，是对执行力的管理。

执行力的高低决定着企业的生死。再好的战略，如果没有执行，一切就等于零；如果没有高效的执行，注定会在竞争中落败。这就是为什么在

同样的资源条件下，有些团队能够打大胜仗，而有些团队只能吞下失败的苦水的根本原因。可以说，执行力出众的企业必是优秀的企业，而执行力孱弱的企业往往会很快消亡。

高效的执行力，一直以来都是京东的一个大优势。从中关村的小小柜台到世界500强之一，京东这样高速发展的公司，没有高效的执行力，很难想象能有这样的爆发力。

电视剧《亮剑》里曾有这样一个情节：李云龙同政委赵刚商量要挑选会武功的战士组成一个特别小队。赵刚对此表示赞同："那好，这事你尽快去办！"但李云龙却说："不用尽快，我马上就去办。"这就是高效的执行力的表现。在京东，这样的例子比比皆是。

首先，刘强东本人就是一个在执行力上严以律己、以身作则的人。因为他深知：作为组织领袖，其执行力的强弱对组织执行力的整体表现产生着重大影响。一个组织的领导如果对执行没有充分的认识和重视，仅仅是将执行看作是下属的事情，其结果必然是执行不力。如果管理者能够以身作则，把自己当作是执行的起点，则一定会促进团队爆发出强大的执行力。因此，刘强东每天24小时机不离手，只要有时间就回邮件和处理其他工作。

其次，刘强东对公司的战斗力和执行力也有着极端苛刻的要求，因此他最为关注管理层的执行力。

在京东管理层的例会上，刘强东会召集所有业务部门负责人和大区负责人一起看京东的各种数据，并将这些数据与去年比、与预算比、与竞争对手比、大区与大区之间互相比，然后将业绩差的部门圈出来，要求负责

第八章 "24小时"原则：高执行力的关键，在于你是否用心在做

人解释为什么业绩差，明年打算如何改善。刘强东在这个时候提出的问题总是非常尖锐，句句直指要点，而且要求严格，若是该负责人在接下来的两三个季度表现不行，就会直接换岗。

有一次，刘强东要求某个业务在未来要有200%的增速，该业务的负责人说有难度，并开始陈述理由，但刘强东立即打断了他，说："对不起，你没听懂我的问题，我问的是怎么增长，不是问怎么不能增长。"后来，这个人再也没出现在管理层的例会上。

在京东的一次月度经营分析会，听完某个高管的经营分析汇报后，刘强东更是直接发火了，板着脸问对方："这件事情我之前说过了，你们为什么没有往下去跟？"

古话说得好，强将手下无弱兵。在刘强东这样具有高度执行力的领导者管理下，京东的管理层也个个都有着高效的执行力。京东CHO隆雨曾笑言："职场有个不成文的玩笑——千万别为上车和坐飞机能够很快入睡的老板工作，因为他们生理上属于体能快速恢复者，这也要求下属属于精力充沛型才能配合。"但在京东，这根本不是玩笑，而是事实。

因此，京东集团副总裁、支付事业部总经理许凌才会在第一届高管迎新会上提醒大家："在京东要生存下去，智商、情商都是排第二位的，排第一位的，最重要的，是体力。在京东，因为发展太快了，我们要做的事太多了，所以一定要首先照顾好你的身体，只有以最好的体力支撑，你的智商和情商才能有一个更好的发挥。这是我因过去三年的经验而总结的一个发自肺腑的分享。工作永远不会少，只会越来越多，你的时间和精力永远不会够，一定要锻炼好身体。"

京东CHO隆雨也赞同许凌的观点："做到公司的高层，你会发现很多时候拼的还有体力，这也是种能力。作为Leader（领导者），你必须拥有充沛的精力。我自己碎片化时间利用得很好，车上和飞机上的碎片化时间，我是可以快速休息补充体力的人，所以大家看到我下了车或飞机，进了办公室就是那种打了鸡血的状态，分分钟精神抖擞地投入工作。"

正是这种上下一致的高效执行力，才让京东得以快速奔跑，成为与BAT三巨头并驾齐驱的互联网企业，组建新的BATJ格局。

第八章 "24小时"原则：高执行力的关键，在于你是否用心在做

高执行力的核心，就是主人翁精神

在2017年3月29日的京东第一届高管迎新会上，近30位高管相互交流——新加入的高管随机选取一种水果，借此分享来到京东所体验到的文化味道和事业梦想；而老高管们则分享在京东工作的心得，传授经验。

京东集团副总裁、京东商城生鲜事业部总裁王笑松的分享，直接点明了京东高执行力的核心，就是主人翁精神。

王笑松是2008年1月4日加入京东的，他原来在沃尔玛工作。他只是趁着一个出差北京的机会，和刘强东见了面聊了聊，爽快的刘强东就直接说道："笑松你行，你适合京东。"就这样，王笑松从沃尔玛辞职，从深圳北上来到了北京的京东。在面试的时候，刘强东就告诉过他办公环境不太好，但到他正式报到那天，才知道京东当时的办公环境有多么不好：厕所臭气熏天，隔老远都能闻着臭气，更惨的是厕所天花板还漏水；每个人忙得团团转，工位也不够，只能两个人共用一个工位，就连供应商来了也没单独的地方谈，只能站着谈。

更叫王笑松吃惊的是，当时京东给采购经理的工资居然只有1500元，有经验的人根本不愿意来，当时很多人都是找工作不是很顺利才来的京东，心里大多是抱着"工资虽然少，但还是先凑合干吧"的想法。

总之，当时的京东团队绝对算不上精兵强将，单独把团队里的每一

个人拉出来看，都极其普通。而且，当时京东很小，几乎没什么人知道京东，到大街上和人聊起京东，好多人还以为是卖肉饼的。

但就是这样一个没有背景、资金实力也不强、人才匮乏、品牌知名度不大、市场狭小、系统落后的团队，却干掉了当时号称全球最大的3C销售网站——新蛋网，一步步超越对手，走到了今天世界500强之一的地位。为什么呢？

王笑松认为："最核心的就是主人翁精神。"

什么是主人翁精神呢？其实就是企业员工把工作上的事当成自己的事，不贪图名利，也不计较得失，全心全意地投入到工作中去，努力更快更好地完成工作。

正是在主人翁精神的激励下，在当初恶劣的办公环境下，京东的每一个人才能像身处一个大家庭一样，互相关心，互相依赖，为一个共同的目标去奋斗。因为业务的高速发展，京东的库房常常爆仓，一旦库房爆仓，办公室所有的人包括刘强东都去仓库帮忙，北方的冬天特别冷，仓库又没有暖气，但是大家热情高涨，跑步去出货。刘强东干通宵，所有人也跟着干通宵，而且第二天早上八点接着上班，没有人要求请假，也没有人要求调休，更没有人要求加班补贴。就是这样一群平凡的普通人凝聚在一起，互相信任、互相依靠，为着一个又一个目标，战胜了一个又一个不可战胜的对手，成就了如今能量巨大的京东。

当京东日益壮大的时候，京东的管理也逐渐规范起来，京东最初的主人翁精神也演变成了新的事业合伙人制度。

在一次京东的内部高管会上，刘强东向所有高管表态：京东需要的不是传统的职业经理人,而是事业合伙人、对公司长期价值负责的合伙人。

职业经理人与事业合伙人到底有什么不同呢?说得简单点儿,就是职业经理人不过是个打工的,而事业合伙人却是企业的主人。因为事业合伙人有四个特点:能够掌握自己的命运、能够与企业形成背靠背的信任关系、能够和企业一起做大事业、能够与企业共同分享成就。

可以说,事业合伙人与职业经理人最大的一个区别,就是事业合伙人要与股东共同承担投资风险,而职业经理人则无须承担投资风险。也就是说,当企业对管理层实行共创、共享和共担机制的事业合伙人制度时,管理团队的利益将与股东高度一致,必须共进退,共同为企业的发展努力奋斗,这就是为什么万科、阿里巴巴、华为、京东、小米等这些国内知名企业要探索事业合伙人制度的原因。

事业合伙人制度究竟能帮企业解决什么问题呢?从目前的发展情况来看,事业合伙人制度主要解决了四个问题:

1.解决了一个长期存在的管理难题,做到了付钱给对的人,而不是付钱给人;

2.能够很好地留住那些野心勃勃的核心人才,让他们与企业共进退;

3.有效刺激和鼓励了更多的企业管理人员进行内部创新和内部创业;

4.为企业的每个关键职位培养了足够多的继任者,保证了企业团队的稳定。

高效的执行，就是坚持以用户体验为先

决定对京东管理层放权之后，刘强东就很少在具体业务上锱铢必较了，许多高管都感觉他平和了很多，但只要一涉及用户体验的问题，他的怒气还是会迅速爆发。

2015年10月，"京东到家"App更新版本时，因为没有提示老用户重新登录，导致大量老用户无法使用App，引得众多用户纷纷投诉。于是，刘强东一从国外回来，就立即将"京东到家"业务的十几个负责人叫到他的办公室，给予了声色俱厉的批评："到家业务亏了多少钱，我从不发怒，但你们不把用户体验放在第一位就不行。"这次批评会足足开了一个半小时，足以说明刘强东对用户体验有多重视。

无论是在企业内部会议上，还是面对媒体时，刘强东都不愿意过多地谈战略，因为他认为那太虚了，他考虑的往往是今天的业务发展需要什么支撑，他想要的是实实在在的用户体验。这也是刘强东和马云的一个不同之处：马云对外谈的多是宏大的百年愿景，他在意的是商家能不能顺畅地做生意；而刘强东则更喜欢看近两三年的事情，他在意的是消费者能不能得到满足，即用户体验够不够好。

在刘强东看来，京东所处的电子商务领域，用户体验就是产品、价格、服务，没有第四个。用户不会关心京东在哪儿办公，也不会关心京东

的CEO刘强东像挖煤工还是像高富帅，用户只会关心与产品、价格、服务有关的问题：产品好，价格是不是也便宜？价格好，服务是不是好？售后服务能不能跟得上？电话能不能及时打通，我投诉能不能及时得到回应？对用户体验的关注，会促使京东的整个团队为了快速提升用户体验而大大提高执行力。

为了保证用户体验的流畅性和高效性，京东专门开发了一个专门服务配送体系——青龙系统。在京东购物的整个流程，主要涉及仓储系统和物流系统。

1.仓储系统的大概流程

第一步：用户在京东网站下单后，京东的仓储系统分拣模块就会根据订单地址来进行区分，将相应的货物分配至不同地点的仓库，比如地址在河北就分配至北京仓，地址在四川就分配至成都仓；

第二步：订单抵达仓库之后，拣货员就立即开始拣货，然后进行RF（无线射频）确认，如果货物在高位货架，就要使用前移式叉车或者平衡重叉车拣货，然后再进行RF（无线射频）确认；

第三步：货物确认后，就立即转入复核区，进行再次确认，并打印相应的发票以及送货单；

第四步：货物再次确认完后，又回到打包区，由打包员根据商品规格打包。打包最快的只需要几分钟，打包最慢的也只需要1个小时。京东规定，只要不是促销造成的单量高峰期，京东必须要做到订单日清，即仓储每天晚上12点前必须完成当天晚上11点前发来的所有订单的打包工作。

2.物流系统的大概流程

第一步：货物打包完毕，就该出库了，首先由京东的物流系统运输模块调配车辆，将货物分配到不同车辆上；

第二步：配送车辆快速抵达京东的下一级分拨中心或者中转站，站点接货、验货；

第三步：到了分拨中心或中转站后，京东的配送模块就会根据货物和送货地址安排配送员，让配送员准时把包裹送到客户手里。

通过京东的仓储系统和物流系统，京东的管理者能够清楚看到每一个包裹的运动轨迹，确保分拣接货、分拣、发货、发车、站点接货、验货、配送员收货、妥投等八个主要环节的准确无误和高效执行，也确保了用户体验的优良性。

因为密切关注用户体验，刘强东还会随时浏览网上对京东的投诉帖子，并直接转发帖子给售后人员询问：这是什么情况？售后人员常常晚上12点接到他的邮件，他直接下命令要员工怎么去解决，售后人员被搞得很紧张，于是变成自己主动去网上搜索，先把问题解决了，不要等着老板催，这就大大提升了京东售后的执行力。

京东在银丰大厦一楼设有一个最大的自提点，用户可以通过自提点的电脑直接打开京东网站下单，京东的产品经理常常会悄悄站在用户身后，观察用户的整个操作流程是否顺畅，以此来判断用户体验的优劣，对劣的部分进行相应的提升。这也是京东提升执行力的一种方式。

京东在物流技术上的每一次创新，都是为了提升用户体验——更快地将商品送达用户手中，这也是京东执行力日益高效的体现。京东物流在

"快"上先后推出了当日达（211限时达）、次日达、2小时极速达等高配送时效的服务产品，带动起整个电商物流行业对"快"的实现和追逐。

到了2016年9月初，京东又尝试推出了每2小时一个波次的精准送达服务——"京准达"，用户可预约未来一周的特定时间段内收货，最早可至9∶00，最晚可至22∶00。到了2017年，"京准达"服务更是全面升级：预约送达时间由2小时缩短至30分钟，覆盖范围也实现了大规模拓展，服务城市占到全国城市数的近75%，在"快"和"准"的双重标准上创新性地再度树立了行业标杆，也成为继"211限时达"（当日达）后城市电商消费的标配。在2017年第五届中国（北京）国际服务贸易交易会上，京东"京准达"项目更是凭借其模式创新及为消费者提供的极致服务体验，荣获了"2017国际服务创新奖"。

京东之所以能在服务上进行模式创新，为用户不断提供极致的服务体验，背后依赖的是京东钢铁般的高效执行力。

刘强东最怕的，就是京东的执行力下降，因此当他对管理层放权一段时间后，发现许多管理者总是不做决策，大量事情议而不决，使得京东的组织效率和战斗力在下降，曾经高效的京东在慢慢变得平和、臃肿时，他便决定重塑京东的高效执行力——通过一系列铁腕调整，让京东从平和走向战斗，从大公司回到创业公司。

X事业部：AI技术，决定着企业未来的执行力

"你将进一步地缩短购物的时间。随着我们无人车大范围部署以后，消费者购物不再需要留任何地址，比如你在北京，在飞机起飞之前你可以在京东下一个订单，买一瓶香水，你飞到了上海跟朋友去逛街，我们凭借人工智能技术就能够计算到在什么时间、哪个最佳结合点，通过无人车把香水送给你，可能那时你正跟朋友喝茶呢，无人车就悄无声息地跑到你身边，把香水给你了，甚至都不需要支付。"

这是刘强东对京东"无人车"项目的规划，听起来就像童话故事般美好，但随着人工智能技术越来越深入地嫁接到商业和技术上，它正在被京东的X事业部一步步变成现实。

俗话说，外行看热闹，内行看门道。零售的门道是什么？刘强东的回答是："除非有一天，大家需要的所有商品都能直接3D打印出来，并传送到家，否则零售商存在的意义，就是不断提高效率，降低中间环节的费用，为消费者创造价值。世界是公平的，只要你创造价值就会获得回报。"

在刘强东看来，京东一直都是技术密集型的高科技企业，因此京东要通过技术创新来满足消费者服务的苛刻需求。而近年来大热的人工智能技术，如果运用在物流技术上，必将让京东如虎添翼。

因此，2016年5月，京东成立X事业部，主攻智慧物流，希望通过科技手段来改造、提升京东的物流体系架构，重点研发以无人仓、无人机、配送机器人为代表的第三代物流系统技术，达到降低物流成本、提供配送效率甚至是物流环节无人化运作的目的。

2016年11月，刘强东发布了京东未来十二年的战略规划：京东将全面走向技术化，大力发展人工智能和机器人自动化技术，将过去十二年以传统方式构筑的模式全面升级。实现这一伟大梦想的起点，就是以X事业部为首的对无人车、无人机、无人仓三大无人智慧产品的研发。

京东对未来物流的构想：当货物进入到无人仓，通过机器人及AGV完成分拣、搬运以及拆码垛等仓储全流程，货物走出无人仓之后，将依靠无人机和无人车送到用户手中。

如果将汽车等交通工具和人员配送货物改为汽车加无人机，物流费用就将至少下降70%，还能加快商品下行的物流速度，更会给农特产品的上行提供更好的通道。而且，无人机可以实现点对点派送，这能极大提高快件的配送效率，比如在拥堵的城市和偏远山区运送急需物品，就可能比陆运节省80%的时间。可以说，这些都是京东追求更高执行力的体现，而实现更高执行力的前提，就是AI技术人才的挖掘和培养。

在挖掘及培养AI技术人才上，京东可谓是不遗余力。

一方面，京东不惜重金挖来许多硅谷技术高手以及全球AI精英加入研发团队。在京东X事业部内，硕士及以上学历员工已经超过九成，既有来自享誉世界的牛津大学、谢菲尔德大学、新加坡国立大学、清华大学的毕业生，也有来自慕尼黑工业大学、中国科学院等专业领域顶尖高校及科研机构的人员,还有曾在海外名企任职的硅谷精英和国际人才。

另一方面,京东在国内举行J Data算法大赛、X机器人挑战赛,与高校及科研机构合作,建立联合实验室,培养和发掘国内顶尖技术人才。比如,2017年7月26日,京东就在江苏宿迁宣布正式启用京东无人机飞行服务中心,它不仅是集无人机研发测试、运营调度、维护保养、人才培养、物流配送等多项功能于一体的全球首个智慧物流运营调度中心,也是智慧物流高精尖无人机人才培养和输送基地。

正是因为京东在挖掘及培养AI技术人才方面的优异表现,京东才能成为学术青年最向往的人工智能企业,京东X事业部也才能在CCF-GAIR 2017(全球人工智能与机器人峰会)上荣获"2017AI最佳雇主奖"的殊荣。

第九章 六大铁律:

让京东更高效的秘密

未来零售环境的VUCA化将会给组织提出很大挑战：不稳定性要求我们的响应更加敏捷；不确定性意味着企业需要收集更加系统、全面的信息；复杂性要求企业进行组织重构；而模糊性则需要我们带着开放的心态，对可能的机会进行试验求证。

——京东CEO 刘强东

组织五开放原则：不以开放互通为原则的组织，不是好组织

我们处在一个不断变革的时代，而且变革越来越迅猛。

第一次零售革命，是在城市化促进了消费者的聚集和购买力的集中的背景下，百货商店以批量化生产、成本更低、货品更丰富的优势，取代了"前店后厂"的小作坊店铺的运作模式。

第二次零售革命，是在消费者因为工作压力增加、生活节奏加快而对低价与便捷提出更高要求的背景下，连锁商店以统一化管理和规模化运作、分布范围更广、选址贴近居民社区的优势，取代了百货商店的运作模式。

第三次零售革命，是在消费者自我服务意识开始觉醒的背景下，超级市场运用现代化信息系统（收银、订货、核算系统等）提供开架销售服务的优势，取代了连锁商店的运作模式。

随着消费主权时代的到来，消费者越来越注重自身个性的表达，需求也日益变得个性化，京东等互联网电商企业也逐渐为第四次零售革命拉开了序幕。

什么是第四次零售革命呢？刘强东的定义是："第四次零售革命的实质是无界零售，终极目标是在'知人、知货、知场'的基础上，重构零售的成本、效率、体验。"这与马云提出的新零售概念异曲同工："线上的公司有必要走到线下去，线下的公司也有必要走到线上去，线上、线下加

上现代物流，才完成真实的新零售。"

不管我们如何定义这次零售革命，但有一点谁也无法否认：这次零售革命将会彻底改变整个零售行业的格局。

如何在这个巨大的变革中，抓住"不变"的本质，同时在战略和组织的方法论上积极"求变"，是所有渴望与这个时代共存、共演的企业必须要考虑的事情。京东自然也不例外，因此刘强东最经常思考的问题，就是："在未来的无界零售时代，价值是如何被创造的？与之对应的，未来的组织会变成什么样子？组织应该如何调整，完成自我蜕变，以适应和拥抱新的趋势？"

对于企业来说，环境、战略和组织是互相影响、互相配合的三个要素，因此世上根本没有什么最完美的组织形式，只有最匹配当前环境和战略的组织模式。而未来无界零售的环境会趋于VUCA化：不稳定（Volatile）、不确定（Uncertain）、复杂（Complex）和模糊（Ambiguous），这就给组织提出了巨大的挑战：不稳定性要求组织的响应更加敏捷，不确定性要求企业收集更加系统、全面的信息，复杂性要求企业进行组织重构，模糊性则要求企业抱着开放的心态去试验求证各种可能的机会。

要想一一化解这些挑战，京东的战略要随环境而变，从"一体化"转变为"一体化的开放"，与合作伙伴协力提供零售即服务的解决方案；京东的组织也要随环境而变，由"整合"的组织形态——以内部模块为基础，根据外部变化来衔接各个环节，形成一个高效的整体解决方案，变成灵活组合（Orchestrated）、赋能开放（Open）、随需应变（On-demand）的"整合+组合"的积木型组织形态。

不管是战略的转变，还是组织的状态，都要以一个原则为前提：开放。而要保证战略上的开放，首先要做到组织上的开放。于是，《京东人事与组织效率铁律十四条》提出了一个组织五开放原则：

1.周报开放

要保证组织的开放，首先要保证信息的开放，而周报就是企业最重要的一个信息开放渠道。因此，京东要求管理者在提交周报时，必须要抄送上上级领导。为了促进企业内部的跨部门协作，快速推进业务，如果周报中有涉及其他部门知晓、审批、业务合作或跟进的事项，还要在不涉及敏感信息的前提下，抄送给相关的其他部门。

2.例会开放

为了保证信息的开放，京东规定只要不涉及敏感内容，所有一级及以上部门管理者的常规例会日程表都要公开，而且管理者不能拒绝其他部门总监级及以上管理者申请列席参会。不过，为了保证会议的高效，京东同时也规定了例会的开放名额不得超过参会人数的1/3。

3.数据开放

在如今这个大数据时代，数据是企业最重要的一项资产。为了实现信息分享透明化，促进跨部门协作，京东要求跨部门协同的各个部门必须主动分享其他部门需要的相关数据，比如资源投入、项目进展、业务管理或其他需要参考的关键数据。

4.战略开放

为了确保公司战略能够被很好地执行，京东要求在不涉及敏感信息的前提下，所有管理者必须向下传递公司战略和部门战略，公司层面的战略思考和战略举措必须向所有员工开放，各级及以上部门的战略思考和战略举措则必须向本部门员工和协同部门开放，以加强对战略方向的理解和共识，更好地执行公司的战略。

5.人才开放

毋庸置疑，人才是一个公司最重要的资源之一。为了更好地挖掘人才的潜力，培养复合型人才，京东致力于将人才打造成企业内部的一种共享资源，即人才不应该隶属任何部门或管理者，而要在全公司范围内开放流动。因此，京东要求所有的管理者服从公司整体的人才调配安排，支持人才的内部流动，并且优先复用内部资源。对于员工来说，只要在同一岗位上干满一年，就可以申请内部异动，这时现管理者不得以任何方式阻止。如果员工在同一岗位上干满三年，现管理者必须要主动与员工沟通，了解他的发展需求，并推荐相应的内部异动机会。如果员工在同一岗位上干满五年，就必须要更换岗位。

正是以开放互通为原则，京东才能成长为一个实现共生、互生、再生的良性增长的组织。

两下两轮原则：要想跑得快，多多培养复合型人才

京东在跻身世界500强，成长为国际化大公司的同时，也面临着巨大的挑战：人才需求猛增，尤其是多领域复合型中高级人才。

于是，基于未来的战略需求，京东制订出了"内外兼修的人才战略"，还特别制定了2016到2018年这三年的人才战略规划。

2016年，京东需要在四个方面发力：前瞻性战略人才储备、清晰的职业发展通道、继任管理系统的建设、体系化的领导力建设。

2017年，京东需要在两个方面发力：夯实人才梯队的板凳优势、科学系统的人才发展体系。

2018年，京东需要在两个方面发力：构建多元包容的人才生态、成为业界领先的人才品牌。

前瞻性打造人才生态，支持多元化业务发展

为了更好地完成京东的三年人才战略规划，尽快且尽可能多地培养出多领域复合型中高级人才，《京东人事与组织效率铁律十四条》提出了一个两下两轮原则："所有管理者每年至少两次下一线支援；所有管理者、P（技术岗）或T10（技术总监）及以上人员、产品经理岗（技术研发类）人员每年至少两次去其他部门轮岗（其中至少有一次是去对口业务或协同部门）。每次轮岗时间不得低于一个工作日，上不设限。轮岗发起分为主动申请和业务部门邀请两类，任何部门不得以任何理由（包括数据或信息保密等）拒绝他人的轮岗申请。"

其实，早在京东2016年集团战略会上，刘强东就提出了一个要求：每年每个部门副总监及以上级别管理者至少要去三个以上的部门轮岗实习。

京东向来都是令行禁止的，因此京东人才发展部很快就在2016年4月28日发布了《京东集团核心管理人才轮岗实习管理办法》，对京东副总监级（含）以上的管理人才实施有计划的工作岗位实习策略，目的是让管理者深入了解业务，提高管理视野与客户导向思维，加强各业务之间的横向交流与学习，增强跨部门团队的协作能力，将其打造成京东真正需要的复合型人才。这项制度一出台，一场史无前例的将近400人的"轮岗"大运动就在京东内部轰轰烈烈地上演了。

轮岗实习采取主动申请和对方邀请的报名方式，具体流程分为五步：

第一步：选择轮岗部门；

第二步：拟定实习计划；

第三步：轮岗实习；

第四步：完成实习总结；

第五步：轮岗实习分享。

不过，轮岗大运动一开始并不顺利，遇到了来自组织层面和员工层面的两大阻碍。

组织层面的阻碍	员工层面的阻碍
覆盖群体太大，项目投入人力、物力严重受限	业务太忙，轮岗时间无法保证
涉及部门多，业务、业态纷杂，难以实现资源整合与分配	要求不一，轮岗供需信息不对称
需求差异性太大，个性化需求难以群体性满足	认知差异，存在轮岗抵触心理

要想消除这两大阻碍，最好的办法就是采用"管理杠杆"的形式，通过制度与文化撬动所有核心管理者的主观能动性，使其自发组织、自由轮岗和主动分享，打造"组织搭平台，学员来跳舞"的学习型组织文化。于是，京东对轮岗实施"两步走"的策略：

第一步，从组织的层面上要有制度推动。

为了充分了解管理者的困惑，吸收建设性的建议，京东对管理者进行了面对面访谈和电子问卷调研，最终形成了一个"产品化"的轮岗制度。

1.界定轮岗实习形式，实现形式灵活多样，给予管理者更多弹性选择。

（1）跟岗学习：跟着目标岗位全天候学习的一种形式。通过参与关键事件或项目的决策、参加相关会议、互动交流等，从而达到对组织、业务、管理与文化的深入了解。

（2）参与会议：参与与目标岗位相关的各种工作会议（晨会、周会、月会、项目会、经营分析会等）。

（3）工作任务：由目标岗位负责人根据实习目标安排的相应工作任务。

注意，"参与会议"是必须要做的轮岗实习，其他两种可以任选一种或者多种形式组合进行。

2.明确管理要求，消除管理者的实习困惑和顾虑，避免流于形式。

明确轮岗范围、轮岗部门、轮岗时间、轮岗交付物和轮岗期间岗位职责性问题，要求管理者在轮岗时既要全身心投入轮岗目标岗位，又要妥善处理好原部门的工作。

3.明确轮岗目标，制订轮岗计划，确保轮岗实习价值收益。

为了解决管理者在轮岗过程中的三个"痛点"——抵触情绪下的迫于应付、信息不对称下的无从选择和目标迷失下的无动于衷，保证轮岗目标与计划制订的精准性和合理性，京东提出了"三步走"的解决方法：

（1）将所有岗位梳理成一个清单供管理者选择；

（2）推动人力资源业务合作伙伴（HRBP）与管理者沟通，制订各岗位轮岗实习的价值点，供管理者参考；

（3）树标杆，发动具有一定影响力的管理者率先发出轮岗实习的邀请，将其岗位产品化成"轮岗套餐"，以海报、H5的方式在京东内部进行宣传，通过明星示范效应带动更多管理者主动邀请学员参与轮岗。比如，京东商城的客服部、仓储部和配送部就专门制作了轮岗实习邀请函，以H5页面形式向其他部门推出私人订制的"轮岗套餐"和具体报名链接，积极邀请其他部门的管理者前来轮岗实习。

4.做好过程监控与管理，使轮岗实习转化成知识促进工作升级。

要让轮岗制度和办法在京东落地生根，必须要对轮岗过程进行有效的监控与管理，于是京东提出了三大机制：

（1）建立随机抽查机制，每月随机性抽查管理者轮岗实习总结发送

CXO（公司高管）；

（2）建立平台公示机制，每季度系统平台公示管理者轮岗实习进度与执行评价；

（3）建立评优激励机制，年度对管理者、HRBP在轮岗实习落地实施上评估，实施评优激励。

第二步，从文化的层面上要有精神拉动。

轮岗制度主要解决的是组织层面的阻碍，要想解决员工层面的阻碍，就要靠企业的文化了。因此，京东在推出轮岗制度后，立即针对轮岗项目设计好了全年的文化宣传造势计划，主要通过会议宣贯、培训宣贯、文化传播、评优激励和标杆榜样等形式，有频次地刷新管理者对轮岗实习的认知理念。

通过制度与文化推拉结合的形式，京东大大激发了管理者对轮岗的主观能动性。有统计数据显示，京东管理者轮岗实习参与度非常高：在轮岗实习参与率方面，轮岗实习计划提交率为95.9%，总监级参与程度（90.13%）明显高于VP级（75.45%）；在轮岗实习形式方面，总监级轮岗实习形式以"跟岗学习"和"参与会议"为主，占比分别为56.90%和23.43%，VP（副总裁）级轮岗实习形式以"参与会议"和组合形式"跟岗学习&参与会议"为主，占比分别为24.14%和37.93%。

对于管理者来说，轮岗确实大大提升了他们的领导力，具体表现如下：

1.打通了跨部门横向间的壁垒，加强了各部门间的沟通与协作，提高了管理者整合资源的能力，真正将管理者打造成符合京东需求的复合型人才；

2.让管理者深入了解公司各种不同业务领域，有效提升自己的全局观、战略思维等能力；

3.通过管理者轮岗实习的总结分享，将京东精细化运营的管理思想和微观运营的能力传递至基层员工，从而全面提升企业的组织能力。

不过，随着轮岗工作的持续深入，京东在未来也将面临三大挑战：

1.核心管理者基数的逐年增大，容易导致项目运营管理和效率出现问题；

2.管理者的日益增多加大了轮岗实习的难度，容易使轮岗实习在不同业务体系内流于形式；

3.轮岗实习期间可能会给管理者带来工作之外的负担。

为了解决这三大挑战，京东在未来的轮岗工作中将会在两个方面进行资源聚焦，精耕细作，即注重轮岗实习给管理者带来的实质性收益，以及对工作的促进效果体现，同时梳理识别出基于业务增长以及轮岗实习效果需求旺盛的岗位。

内部沟通四原则：打破沟通层级，保证沟通效率及有效性

《大趋势》的作者约翰·奈斯比特曾说："未来的竞争将是管理的竞争，竞争的焦点在于每个社会组织内部成员之间及其与外部组织的有效沟通上。"确实，沟通贯穿于管理的每一个环节，是管理行为最重要的组成部分，也是管理艺术的精髓。纵观所有的高绩效企业，我们会发现它们都具有一个共同特征：开放透明的沟通文化。

GE执行总裁杰克·韦尔奇被誉为"20世纪最伟大的企业领导人"之一，在他上任之初，GE内部等级制度森严，结构臃肿。韦尔奇通过大刀阔斧的改革，在公司内部引入非正式沟通的管理理念，对此，韦尔奇说："管理就是沟通、沟通、再沟通。"

一位GE的经理曾这样生动地描述韦尔奇："他会追着你满屋子团团转，不断地和你争论，反对你的想法。而你必须要不断地反击，直到说服他同意你的思路为止。而这时，你可以确信这件事你一定能成功。"这就是沟通的价值。

在管理企业的过程中，管理者会面临诸多痛点和挑战，如果处理不好，很容易导致战略不清晰、计划设定后执行不力、KPI设定有所偏颇、成员绩效评估走过场等问题。在这些问题面前，管理者被分为两类：一类管理者选择坦诚面对，另一类管理者则试图找到现成的方法来快速解决。

结果是，前者往往能在企业内部培育一个开放透明的沟通文化，让团队善于习惯发现并解决问题背后的问题；而后者却绝对不可能打造出一个高绩效团队，甚至连维持企业的生存都很难。

如果企业内部各部门之间的沟通是割裂的，就容易滋生办公室政治，导致各部门各自为政，企业也就成了一盘散沙，用不着竞争对手刻意打压，企业自己就会快速灭亡。要知道，当前市场的局势是瞬息万变的，唯有高效的沟通，才能马上集结起所有管理者对最新的市场形势进行快速讨论、推演和决策，对最新战况做出最适当的应对，并最终在快速决策中取得胜利。

作为一个体系庞大、快速发展的电商企业，京东自然也深谙高效沟通的重要性。为了在京东内部培养开放透明的企业文化，京东在《京东人事与组织效率铁律十四条》特意提出了一个内部沟通四原则：

1. 内部沟通时间分配"721原则"

京东发现很多管理者都有一味向上沟通的问题，因此要求管理者对内部沟通的时间进行合理的分配：与下属的沟通时间要占到70%，而与平级沟通的时间只需要占20%，与上级沟通的时间只需要占10%就行。这样有助于促进管理者和团队或协同部门的沟通，有效提升了团队的执行力和协同力。

2. 汇报讲层级

京东内部按照ABC原则实行两级管理机制，因此要求每个员工的工作汇报也要按照ABC原则逐层汇报，以杜绝越级汇报或漏级汇报的现象，保证决策的谨慎性和全面性。也就是说，如果C越过自己的直属上级B，直接向他的隔层上级A（B的上级）汇报工作，即使C得到了A的批准，但没有直属上级B的批准，A的批准也是无效的。

3.沟通是平的

为了打破企业内部的管理层级官僚主义，保证沟通效率及有效性，京东致力于在内部搭建一个"内部沟通是平的"的沟通机制，鼓励员工在内部沟通时（尤其是跨部门沟通时）不讲求级别对等，大胆沟通。

4.谁牵头谁担责

为了减少团队内部的矛盾和冲突，京东在内部提出"项目谁牵头，谁就是负责人"的原则，要求项目牵头人负责项目的所有事宜：指挥、调动全公司资源，安排项目成员的工作任务，同时也承担项目出现问题或失败的最终责任。

为了促进团队内部更好地沟通，京东还在企业内部推崇六顶思考帽的沟通方法。所谓六顶思考帽，就是英国学者爱德华·德·博诺（Edward de Bono）博士提出的一种全面思考问题的思维训练模式——用六种不同颜色的帽子来代表六种不同的思维模式，培养人们的平行思维，避免人们将时间浪费在互相争执上。

1.白色思考帽代表中立而客观，提醒人们关注客观的事实和数据；

2.绿色思考帽代表创造力和想象力，提醒人们关注创造性思考、头脑风暴和求异思维；

3.黄色思考帽代表价值与肯定，提醒人们从正面考虑问题，表达积极乐观的、有建设性的观点；

4.黑色思考帽代表否定、怀疑、质疑，提醒人们对不合乎逻辑的事情进行批判，找出其逻辑上的错误；

5.红色思考帽代表情感，提醒人们表达直觉、感受、预感等方面的看法；

6.蓝色思考帽代表对思维的控制和调节，负责控制各种思考帽的使用顺序，规划和管理人们的整个思考过程，并做出思考后的结论。

在团队内部沟通时，六顶思考帽团队的一个典型应用步骤：

1.运用白色思考帽，陈述问题事实；

2.运用绿色思考帽，提出如何解决问题的建议；

3.运用黄色思考帽，评估建议的优缺点，重在列举优点；

4.运用黑色思考帽，列举建议的缺点；

5.运用红色思考帽，对各项选择方案进行直觉判断；

6.运用蓝色思考帽，总结各方的陈述，得出最终的结论。

通过六顶思考帽，京东在团队内部搭建起一个特别有效的沟通框架，不仅培养了员工多向思维的模式，有效避免了团队内部的冲突，还保证了团队内部讨论的充分和透彻，从而确保了京东的高效执行力。

会议三三三原则：别把时间浪费在无效的会议和PPT上

对于企业管理者来说，开会是工作中必不可少的一部分内容。要想让会议开得有成效，有一个特别重要的前提：不要把时间浪费在无效的会议和PPT上。

"苹果之父"乔布斯就是一个坚决拒绝无效会议和PPT的人。他曾对《乔布斯传》的作者沃尔特·艾萨克松说过："我很不喜欢人们用那些幻灯片讲事情，他们宁愿用一个PPT去解释问题，也不愿意直接用嘴阐述他们的想法。我需要交流、碰撞，在会议桌上直接把问题抛出来，而不是给我一堆PPT。如果你确实想清楚了要讲什么，有没有PPT应该是无关紧要的；如果你在陈述中离不开PPT，说明你想得还不够清楚。"

乔布斯的开会风格也特别粗暴直接，绝不浪费自己的时间，也绝不浪费任何人的时间。

乔布斯对会议的第一个原则，就是"非直接负责人不参会"和"不去参加没必要的会议"。

比如，在苹果和广告公司的一次例行会议上，乔布斯突然发现了一个新面孔——女职员Lorrie，当即就指着对方问道："请问您是哪位？"Lorrie解释说因为自己所在的市场部项目和这个案子有关联，所以她也被叫来开会了。听完Lorrie的解释后，乔布斯却礼貌地请Lorrie离开会场:"我不认为你有参加这个会议的必要,Lorrie小姐,谢谢。"这就是乔布斯坚持"非直接负责人不参会"原则的体现。

美国前总统奥巴马曾为科技界大佬组织了一次小型聚餐,特意邀请乔布斯参加,但乔布斯却直接拒绝了,这让世人惊诧不已。这就是乔布斯坚持"不去参加没必要的会议"原则的体现。

和乔布斯一样,刘强东对开会的态度也特别粗暴直接,不愿意浪费自己和其他人一分一秒的时间,有任何问题就直接与经手人对谈。

2009年春节前后,京东的上海分拨中心出现混乱,刘强东打算派余睿前去接管上海分拨中心,于是就直接找到了余睿谈话。

刘强东:"能不能出差?"

余睿:"能。去哪儿?"

刘强东:"上海。什么时候能走?"

余睿:"明天。"

刘强东:"那你明天早上一早就去。"

整个对话干净利落,毫不拖泥带水,没有一句废话,而且句句体现了京东追求的高执行力:说走就走,说干就干。

对话的第二天一早,余睿就匆忙赶往上海,临危受命,开始体现他高度的执行力:一周工作7天,每天14个小时以上,一连几个月,有时连轴转,连续工作30多个小时,带领团队在中国电商竞争最为激烈的华东区打拼。余睿发挥高效执行力的结果,就是在京东2013年3亿多的订单中,1/4的订单都是由余睿领导的华东区团队完成的。

为了保证每次会议都能开得有成效,《京东人事与组织效率铁律十四条》还将会议三三三原则纳入了其中:"内部会议要求会议核心内容不超过三页PPT,会议时间不超过三十分钟,决策会议不能开超过三次。同一问题超过两次会议决策不了,就上升一级做决策,三次会议必须解决问题。"

每天早上八点半召开高管早会,是京东的一大管理特色,也是京东拒绝将时间浪费在无效会议上的典型表现。在京东早期,只要没有出差,刘强东必定会在早晨八点半准时到公司,与近百名京东管理人员一起开早会。京东的早会每次的时间是10~30分钟,有三大主题:重要事情、重要数据和最严重的投诉事件。针对这些问题,刘强东总是能够快速就各方提出的问题做出决策。因为太过快速,曾有人形容京东早会"肃杀气氛令人战栗"。

不过,随着京东体量的快速增大,刘强东开始放权给管理层,于是开始减少对早会的参与度,但他对早会的关注度却并未减少。2013年刘强东在美国学习期间,一次公司早会上有同事宣布一项产品将上线时,电话里却突然传出了刘强东的声音,他提出有些细节需要改进,并要求立即落实。当时在场的所有人都大吃一惊,他们这才发现原来刘强东即使身在美国,也会每天按时在电话中旁听早会,只不过多数时候并不说话,但一旦涉及执行力的问题,他就会立即给予指示。

在刘强东看来,早会是京东高效执行力的起点。京东早会一向坚持有事说事的原则,抓取公司运营、管理细节,短则五分钟、十分钟,长则一个多小时。对于公司运营有问题的地方,刘强东总是能第一时间快速传递给全公司管理者;刘强东在早会上明确的指示,当天上午就能传递到京东的基层员工那里。可以说,早会快节奏带来的压迫感,始终让所有管理者心里有根弦，潜意识里要注意执行力，将执行力融入自己的血液里，真正带动企业高效运转。

在外界眼里，如今的京东早已成为了与百度、阿里巴巴和腾讯并驾齐驱的互联网四大巨头之一，但在刘强东眼里，京东依旧还是一个创业公司，还远没到休养生息的时候。因此从某种程度上说，执行比战略更重要，只有保持高效的执行力——持之以恒地认准了目标，不断地干，坚持得久，付出得多，才能比别人走得更远一点儿。

考核铁人三项原则：只聚焦最关键的驱动因素

"没有衡量，就没有管理"已经成为管理的经典名言。明确业绩考核目标与责任的管理方式也逐渐成了企业提升竞争力的一个有效战略工具。但很多企业一成长起来，就常常出现考核制度过于复杂的现象，导致员工花费大量时间在一些无用的考核表格上，这就是在非战略机会点上消耗了战略竞争力量，不仅导致了人才的大量流失，还大大阻碍了企业的发展。

以高效执行力著称的京东，自然不希望自己出现考核制度过于复杂的问题。

刘强东在2017年初接受一次访谈时，曾经被问到一个问题："什么样的员工能称得上'好员工'？"刘强东回答道："我们的绩效考核其实非常简单，我们对中高层的考核最多就三个项目。过去有六七个指标，让我们的管理者们无所适从，也不知道把精力放到哪些项目中去。现在就三个指标，把这三个指标完成了就可以了。我相信你只要真心地对待你的员工，你的员工也能给你非常好的回报。"可见，在刘强东看来，对员工的考核不宜太复杂，只要三个指标就好，只要员工完成了考核的三个指标，就能称为一个"好员工"。

为了更好地避免这个问题，京东很快就将简化考核制度明确地写入

《京东人事与组织效率铁律十四条》之中，要求"所有员工或管理者的考核KPI都不超过三项，超过项列入警示或观测项。考核KPI全面简化，只聚焦最关键的驱动因素，把精力放到最重要的事情上。"

不仅是京东在致力于简化考核制度，阿里巴巴、华为等知名的大型企业也有类似的管理举措。

阿里巴巴内部的"管理三板斧"——对不同级别的管理者做不同层次的管理培训，就有"考核KPI全面简化，只聚焦最关键的驱动因素"的效果。

1.对初级管理者做Manager Skill（经理技能）培训：定目标、追过程、拿结果。

2.对中级管理者做Manager Development（管理者发展）培训："揪头发"（眼界）、"照镜子"（胸怀）、"闻味道"（心力）。

3.对高级管理者做Leadership（领导力）培训：文化、战略、组织能力。

这其实也是对不同级别管理者的分层次考核：对初级管理者，考核执行力；对中级管理者，考核责任心；对高级管理者，考核格局力。早在2013年，华为的创始人任正非就明确指出了这个问题："考核为什么要这么多指标？绩效考核也不要搭载这么多指标，关键过程行为考核是用来选拔干部的，人家事都做成了，过程为什么要成为评奖金的指标呢？我们不要在一个东西上承载太多内容，让人都变成小人了。我做了大的成绩，还要考我这考我那，扣来扣去都没有了，那我以后也不创造价值了，专注行为。考核指标不要占太多内容，KPI（关键绩效指标）项不能太多。"

在任正非看来，考核不能考太多，也不能考得太复杂。干什么，学什么，就考核什么，跟主业务无关的内容可以不用考核。考太多太杂的内容，就分散了员工的精力，加重了员工的负担。这与京东的"考核KPI全面简化，只聚焦最关键的驱动因素，把精力放到最重要的事情上"可谓是不谋而合。

九宫淘汰原则：识别高潜人才，淘汰问题员工

作为一家正向技术转型的高速发展的互联网公司，京东很早就意识到，人才是京东发展的关键，人才梯队是京东的生命力，决定着京东技术转型的效率和路径，决定着京东技术转型的成败。

为了更好地挖掘人才，去芜存菁，《京东人事与组织效率铁律十四条》提出了一个九宫淘汰原则："公司每年从绩效和潜力双维度对内部人才进行盘点，根据人才盘点九宫格的位置实施相应的管理举措。对于7、8、9格的高绩效、高潜力员工给予重点发展、培养和激励。对于2格（差距员工）与3格人员（基本胜任）通过调整岗位、辅导培训等方式优化改善，对于1格人员（问题员工）严格执行淘汰。"

京东的九宫淘汰原则当然不是凭空产生的，而是在京东的九宫格人才盘点基础上诞生的。

众所周知，在企业的高效人才供应链中，高潜人才是特别重要的一个环节和关键产出。因此，为了实现京东"战略落地，人才先行"的发展方针，京东特别重视人才梯队的建设，致力于前瞻性的人才识别、储备和培养：在公司内部识别和选拔出各个层级的高潜人才，为这些高潜人才匹配精准的激励资源和丰富的发展手段，以快速激发高潜人才的潜力，大大提升高潜人才的能力，为公司搭建一个稳健有力的人才梯队体系。

第九章 六大铁律：让京东更高效的秘密

2013年，随着京东"4S"人才观的落地，京东内部对优秀人才的挖掘也提上了日程。于是，在2013年6月，京东首次启用圆桌会议形式，对700名管理者进行人才盘点，旨在推动京东内部形成统一的管理语言和挖掘、识别人才的标准，通过全方位评价各级人才的方式，让高潜人才浮出水面。

京东首次人才盘点，采用的是GE（美国通用电气公司）人才九宫格模式。有着一百多年历史的GE虽然目前一共只有十任CEO，但它却为业界培养出了一百多位CEO。而且，因为GE的CEO都不是空降兵，所以GE从来没有因为CEO离任而出现过内部动荡时无人接任的现象。这一切都是因为GE一直实行一个简单而有效的人才选拔体系——人才九宫格。

GE的人才九宫格，包括增长型价值观和业绩两个维度，对价值观和业绩的考评又分成需要改进、满足期望值和超出期望值三个等级，组成了九个格子的九宫格，每个格子都反映了被考评人在价值观和业绩中的表现处在哪一位置。

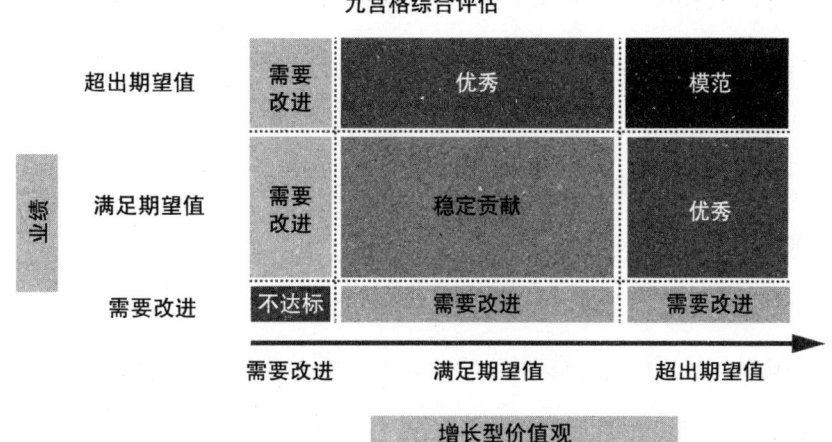

为了让每位管理者的发展潜力在机制公平的前提下得到充分的展现，人才九宫格中横轴的潜力部分，京东采用了北森360度评估反馈工具。360度评估反馈（360°Feedback）也称全视角反馈，是分别由一个人的上级、同级、下级和服务的客户来对他进行全方位的评价，然后通过分析这些评价，总结出他的长处和短处，达到评估人才能力并促进人才能力提升的目的。有数据显示，世界500强企业中有98%的企业都在人才决策时使用360度评估反馈工具。

京东的整个人才盘点过程都严格按照机制公平、流程透明的要求执行。高管在对一个VP（Vice President，副总裁）级人才进行人才盘点时，必须经过所有高管共同讨论，才能决定他是否真正具备某项能力。

京东首次开放式人才盘点在历时两个月之后，最终形成一个由168名HIPO经理和31名HIPO总监组成的人才池。

在京东看来，什么样的人才算得上真正的HIPO呢？京东集团人力资源部副总裁刘梦给出了三个标准：

1.符合京东的价值观。要能体现京东"只做第一""客户为先""正道成功"文化精神；

2.要极具进取心。有着极其清醒的自我认知能力、极其敏锐的学习能力、极强的洞察力和成熟度，能够跟得上京东业务、管理飞速发展的变化和要求，不断挑战自己、提升自己；

3.业务能力强。不仅要是开放式人才盘点出来的HIPO，而且必须是团队里公认的"NO.1"，必须能够在未来发展中主动承担更大责任、更快速成长、创造更优异业绩。

刘强东认为，你既然是HIPO，就要不断接受新的挑战，一定要避免舒适区，一定要不断挑战自己。互联网思维，核心就是打破，其实创新、打破这个逻辑在企业发展中是永远不会变的。因此，为了激发HIPO的潜力，让他们的能力根据公司战略发展方向以及自身的发展意愿快速地成长，在人才盘点完成之后，京东立即启动了对HIPO的培训计划——一年的高潜培养计划，基本按照ACS模型提升能力：

A，指Assessment——运用自我认知测评深度了解自我。在培养项目前期，通过测评工具的介入，使HIPO对自己的个性、价值观、行为动机等有深入的了解，从而确定自己应该发展哪方面的能力来提升工作绩效，并在与直接上级及隔级上级达成发展共识的前提下，制定更适合自己未来发展的计划与方向。

C，指Challenge——在最挑战的工作战场上实践和提升自我。完成自我认知后，就是更有挑战的培养内容了。京东不仅设计了拔高的课程培训内容，还设计了很多挑战性的项目，比如让高潜人才带领更大的团队，或是跨业务发展，或是直接外派至海外市场承担某地的海外业务开拓，等等。这是因为京东面对的是急速裂变生长的电商生态，消费者的需求在不断变化，京东需要的是紧跟消费者需求变化的实干型人才，而只有将高潜人才放到具有挑战性的项目或岗位上，他们才能快速成长起来，成为实干型人才。

S，指Support——借力公司内外部可支配资源，提升自我。为了帮助高潜人才快速提升能力，京东投入大量的人力、财力和平台资源。在人力方面，京东将所有CXO、VP及区总等高层管理人员、京东大学的金牌讲师和各业务部门的精英人才都投入到了这个项目中；在财力方面，京东斥巨资打造高潜培养项目，比如百万元的定制化中欧京东班、邀请原世界500强公司中国区CEO到京东为高潜人才讲解行业管理理念或创新课程等；在平台方面，京东高层也给予了最大的支持，只要京东集团内有新的业务、新的创新发展，首先想到的是高潜人才是否可以承担任务，并能大胆地让他们承接。

从京东针对高潜人才的培养计划来看，京东为高潜人才的发展提供了四大核心资源：

1.经验历练：对HIPO管理者明确约定为轮岗机制，同时赋能和倡导HIPO上级借助IDP给予挑战性任务、拓展职责范围等方式帮助HIPO成长；

2.联合发展：丰富发展手段，除正式学习课程之外，强化经验历练和非正式学习，真正给予HIPO群体多元化的发展机会；

3.打造氛围：从文化导向入手，明确HIPO定位和培养目的，明确福利资源对HIPO群体的导向，持续激励HIPO群体加速绽放光芒；

4.开放选择：每年为HIPO群体提供一系列发展计划，按照发展需求匹配资源。同时面向连续被盘点为HIPO的人才，开放选择参加上一个职级发展方案的通道。

京东首次人才盘点出来的高潜人才在经过一年期的培养后，有64.6%得到晋升或者承接了更重要的职责。

2014年，在上一次人才盘点的基础上，京东又做了进一步的优化，在九宫格的潜力维度部分有所创新，潜力部分是由50%的领导力或专业力与

50%的学习敏锐度两个值的均值得出，而传统人才盘点仅仅只有领导力或专业力维度或者是学习敏锐度单个维度支撑潜力评价。之所以有这样的改变，是因为京东认为未来有大量的新业务和挑战性岗位，因此不仅应该考查人才的现有领导力的优势项和待发展项，同时也应该考查他们潜在的学习敏锐度，即从经验中正确地学习，并将所学运用到新情境中的能力和意愿，这会帮助京东发掘出优秀人才以支撑未来的业务需要。

经过不断的迭代创新，京东的人才盘点也变得更加科学，成了京东创新业务负责人和卓越业务的贡献者，也成了京东战略发展的重要支柱。

第十章 先人后企：

每一个伟大的公司，都是由幸福的员工创造的

一个公司是否伟大,不仅取决于对员工的物质和金钱需求的满足,还要让员工活得更有尊严。

——京东CEO 刘强东

第十章 先人后企：每一个伟大的公司，都是由幸福的员工创造的

最好的企业文化是让员工感到骄傲

"现代管理学之父"德鲁克曾说："一个百年企业绝非偶然，绝非是一桩单纯的生意。都是使命在身，即以社会的发展为己任，着眼于社会进步甚或社会变革中的机会，最终实现为顾客、为员工、为社会带来价值。"德鲁克这话，点明的是企业文化对一个企业有多么重要。

老子曾说："无为而无不为。"在庸俗势利、目光短浅的管理者看来，企业文化只是一层虚无缥缈的烟雾，不能产生价值，不能创造利润，因此企业文化在他们眼里是"无为"的。这是因为他们对企业文化有一个错误的认知：企业文化就是找一个形象设计公司设计一些标识，然后将标识贴满整个公司。

然而，如果换作"道行高深"的企业家，企业文化就是另外一种面貌：它不追求利润却能维持企业的长期繁荣，它不创造物的价值却能充分激发人的价值，它不产生短期效益却能带来长期效益，它不参与管理却是管理的润滑剂……总之，企业文化是"无不为"的。这是因为他们认识到企业文化并不是标识，而是企业员工的行为和思想。

显然，刘强东属于"道行高深"的企业家，他深知企业文化的重要性，也懂得运用企业文化来打造团队的凝聚力和战斗力，才使得京东一直都在高速前进。

确实，企业文化在很大程度上受制于企业创始人的基因，京东的企业文化就源自刘强东的文化。

刘强东曾说："作为初创公司，如京东这样的公司，一定是我的文化就是企业的文化，不可改。有人说企业文化要改，我说我退休之后可以改，只要我不退休，改不了，改了也是'装'。"

在刘强东看来，最好的企业文化是让员工感到骄傲。其实，要让员工感到骄傲很简单，只要让员工感到自己被企业充分尊重和关怀就可以，但做起来却并不简单。很多企业只知道尊重和关注企业的管理层，却忘了给予基层员工充分的尊重和关注。而从创业之初，刘强东就是一个懂得充分尊重和关怀基层员工的人。

第一次创业开饭店时，刘强东一接手饭店，就立即公布了四个重要的决定：给员工涨一倍工资；改善员工住宿，安装空调；改善员工伙食，两荤两素四个菜；买菜和收钱都交给员工做。虽然这次创业最后因为员工贪污问题而失败了，但刘强东认为错在他对员工缺乏管理，而不是错在对员工好的理念上。

创办京东后，刘强东对内管理的核心一直是"以人为本"，对员工给予充分尊重和关怀，既给予物质上的支持，也给予精神上的激励。

比如，房子是许多年轻人的刚需，也是他们的"痛点"，如果一个企业能够帮员工解决这个"痛点"，员工的优越感和对公司的荣誉感就会油然而生。因此，刘强东认为京东基层员工福利待遇好的标准之一，就是员工在京东工作满五年后，就能在老家县城买一套房。在京东，70%以上的员工都是来自农村，这些员工凡是在京东工作满五年以上的，绝大部分都能在老家的县城买起房子。

从2016年开始,京东将每年的5月19日定为"老员工日",京东的老员工们也有了专属的称谓:满五年的老员工被称作"大佬",满十年的老员工被称作"超级大佬"。在这一天,刘强东会在京东总部大厦摆下家宴,宴请新晋的京东五年和十年的京东老员工代表,为他们一一颁发定制的金银奖章,感恩所有不离不弃、长期为公司付出汗水的老员工。

在京东华南区域最早的13个老员工,至今还有10个员工在京东,这是为什么呢?他们给出了四个理由,这四个理由说出了京东所有老员工的心声:

第一,他们对京东有信心,相信京东会越来越好;

第二,京东为员工提供了一个好的发展平台,能帮助员工快速提升能力;

第三,京东给员工提供了值得期望的收入,只要肯干,就会有超出预期的收入回报;

第四,京东有个能关心人、体谅人、给人正能量的老板。

在刘强东看来,京东的企业文化就是要让京东的员工感到骄傲,让他们每一个人都以自己是京东人而自豪,这样他们才能开心地工作、快乐地服务。只有员工开心了,才能为用户提供优质的服务,才能为企业创造价值;相反,如果员工不开心,就不能很好地为客户提供服务,也不能为企业创造价值。

一个企业,如果能在让客户满意的基础上,让员工也充满幸福感,无疑可以称得上是成功的企业。这一点,刘强东做到了,京东做到了。虽然现在做得还不够好,不够完善,但并不影响它的价值。

最棒的企业福利是能够"讨好员工"

近年来，每年春节过后，全国各地都会先后爆出快递公司货物积压、网店瘫痪的新闻。大量快递员选择跳槽去送外卖，因为外卖平台福利更好、待遇更高，且有五险一金等保障。由此可见，许多快递"停摆"的根本，是电商十几年高增长隐藏起来的毒瘤——电商基层从业者的福利低的问题。

长期以来，人们都只看到了飞速激增的电商从业人员数字，而看不到90%以上的电商从业人员都没有五险一金或者少得可怜的五险一金，不知道许多电商的繁荣都是以克扣基层配送员和电商从业人员的福利而带来的表面繁荣，而如果电商基层从业者的福利得不到保障，最终损害的还是消费者和社会的利益。

遇到大促时节，京东的仓库也常常因为订单量激增而爆仓，但京东的物流从来没有出现"停摆"的问题。这是为什么呢？因为京东不仅注重执行力的提升，也重视企业福利的完善。京东深知，只有员工的福利好、待遇有保障，才能为用户提供更好的服务。

德国慕尼黑企业咨询顾问弗里施提出了一个管理法则——"弗里施法则"：在一条完整的服务价值链上，服务产生的价值是通过人，也就是企业的员工在提供服务的过程中体现出来的。员工的态度、言行也融入了每项服务中，并对客户的满意度产生重要的影响。而员工是否能用快乐的态度、礼貌的言行对待顾客，则与他们对企业提供给自己的各个方面的软硬条件的满意程度息息相关。因此，加大对员工满意度与忠诚度的关注，是提升企业服务水平的有效措施。

京东可以说是深谙"弗里施法则"，一直都十分重视企业福利。刘强东曾在做客新华访谈时说："京东的员工除了五险一金之外，还额外享受38项福利。"但许多人对此表示质疑。

于是，2017年2月17日，京东集团公布了2016年员工福利保障数据：2016年，京东总共为包括基层快递员在内的员工缴纳的五险一金超过了27亿元人民币；考虑到快递配送人员工作的特殊性——遇到意外伤害的几率比一般人员大很多，京东还为所有配送员购买了商业保险；京东快递员享有通讯、防寒防暑、特殊环境、交通工具等30多种福利待遇及补贴；公司每年投入数千万元给员工体检；京东女性员工的产假比国家规定多一个月，男性员工享受比国家规定多七天的陪护假；京东内部还有一个3000万元的专项救助基金，用于帮助遇到重大灾难或疾病的员工及其家庭，等等。

京东的员工目前有12万之多，其中8万多都是仓储物流员工。曾有京东的高管提议，将配送员等基层员工外包给第三方公司，一年就可以节省十几个亿，京东一年就可以有十几个亿的净利润，早就可以赚钱了。但刘强东坚决反对这么做："如果一家公司是靠克扣员工的五险一金挣钱，牺牲他们60岁以后保命的钱，那是耻辱的，赚了多少都会让我良心不安，我没有成就感，这家公司的存在也没有价值和意义。"

京东还认为，最棒的企业福利就是能够"讨好员工"的企业福利，员工福利不在于大价值和大花费，而在于这份福利有没有花在点上、是不是员工所需要的，于是京东在福利设计上处处"讨好员工"。

在京东，几乎所有福利都是全员共享，尤其是保障性福利。此外，京东还会根据员工工作性质和需求的不同，而设置一些专项福利，比如一线员工享受的特殊福利补贴。

为了解决员工的居住问题，京东从2012年起推出了"安居计划"福利项目，设立专项基金4.5亿元，向符合条件的员工提供最高100万元的无抵押、无担保、无利息的购房借款，用于支付可支持地区范围内的员工家庭首套房首付款。

从2013年起，京东打出了"春节不打烊"的口号。这一口号的背后，是京东几万名员工对工作岗位的坚守，而春节时合家团圆是每个中国人的梦想。于是，为了感谢这些员工，刘强东发起了"我在京东过大年"的专项福利，为一线员工发放"子女团聚补贴"——每个孩子3000元、多个孩子6000元，用来支持员工将子女接到身边一起过年。

2016年9月，刘强东到江苏宿迁分公司视察工作，发现由于员工数量迅速增多，导致了公司原来准备的宿舍出现了住宿拥挤、条件简陋的现象，当即就发了火，要求员工宿舍每间最多只能住两个人，所有工作满三年以上的员工都住单间。这个样板间成了"耻辱间"，因为这是京东管理人员的一个耻辱——并没有把员工真正放在心上。而在京东客户服务中心新入住的20层办公大楼里，其中6—20层都设计成了精装修的员工公寓，700多间公寓可以让1300多名京东员工居住，而且公寓内还配备了休闲服务中心、健身区、图书区等。

2017年4月,为了解决员工子女上学的问题,京东总部开设了京东初然之爱托幼中心,京东员工子女可免费入学,为宝宝们提供的母婴产品也都是免费的。

2017年6月,刘强东在老员工授勋仪式上宣布,为在京东工作五年以上的老员工将不仅提供医药费报销,还会在他们的治病资金不足的情况下提供全力支持。

"现代管理学之父"德鲁克曾经说过:"你雇佣的不是一个人的手,而是整个人,所以必须尊重人、关心人,对员工的潜力抱有宽厚的态度,并用蕴含着人性的温暖去培养人,这是管理者必备的品德。"京东之所以得以高速前进,就是因为京东的管理者拥有这种品德。

"'4·28'京东配送员日"：让员工活得有尊严

在2017年庆祝"五一"国际劳动节暨"全国五一劳动奖"和"全国工人先锋号"表彰大会上，电商企业配送员首次获得了全国五一劳动奖章，这个获奖者，就是来自京东的"80后"配送员宋学文。

"全国五一劳动奖"是国家对劳动者的最高褒奖之一，一个人获此殊荣，首先代表着他有极强的职业精神与高超的专业品质。宋学文之所以能从物流行业基层的配送人员中脱颖而出，就是因为他在平凡的配送岗位上勤奋工作了五年多，送出了超过22万个"有温度"的包裹，始终保持着服务零差评，以优异的服务赢得了广大用户的信任和称赞。得知获奖后，宋学文腼腆地表示："没想到国家这么重视我们配送员，这个奖属于所有干配送的兄弟们。"确实，这个奖表明了国家对物流行业的重视、对基层配送人员的关注，也体现了消费者对京东物流的认可和赞扬。

宋学文之所以能获此殊荣，不仅是因为他本人的努力，更是得益于京东对整个基层配送人员的重视和培养。

得知宋学文获奖后，刘强东也第一时间表示了祝贺，并呼吁人们对基层配送人员给予应有的关注和尊重："从2007年我们自建物流招募第一批配送员，到前几天我们正式成立京东物流子集团，京东的配送兄弟已经超过了6万人，他们大多来自农村，他们用双手和汗水证明了自身的价值，也赢得了社会对他们应有的关注和尊重。同时，我也再次呼吁，希望所有的物流和电商企业能给予这些基层员工最完善的社会保障，尊重劳动者、致敬劳动者，让他们没有后顾之忧地为消费者带去更好的服务！"

让员工活得有尊严，是京东从一开始就坚持的管理基调。为了让广大的基层配送人员活得有尊严，京东于2016年起设立了"'4·28'京东配送员日"，旨在向所有奋战在一线的仓储、配送、客服、售后等员工表示致敬，并呼吁全社会给予这些基层劳动者更多的尊重、关注和关爱。

在2016年"'4·28'京东配送员日"当天，京东在北京亦庄总部全面推出了以配送员为主题的海报和视频，百位京东员工身着配送员服装组成JD字样航拍；同时"京东商城"App还引导用户发现订单中的配送员页面，为自己的京东小哥点赞。

在2017年的"'4·28'京东配送员日"，京东对2000名优秀配送一线员工予以表彰，号召全体京东员工学习他们的服务意识，同时推出了物流行业首个五星配送服务标准。这套服务标准包含"您好+"（微笑及文明用语）服务、清洁包裹、纸箱回收、帮带垃圾、拍照通知、闪亮登场、呵护孩子、佩带鞋套、郊县代购、安心达服务等十条服务规范，既展示了京东对于服务专业化和人性化的高度关注，也有助于引领物流服务行业规范发展，将电商行业的整体用户体验带上一个新的台阶。

此外，京东还对配送小哥主页做了全新改版，让配送小哥的服务星级、服务特色评价标签、配送服务数据得到更充分显示，努力为配送小哥创造受尊敬的工作环境，以成绩展示和优质服务回馈的形式对配送小哥产生有效激励，释放小哥的主观服务势能。

配送员是京东用户体验很核心的一部分。京东的配送员不只是送一个快递,而是传递京东企业文化——京东对用户体验的关注,让用户能感觉到京东是一个朝气蓬勃、积极向上、努力进取的公司。因此,京东每个配送员的工作就不是一个简单的体力劳动,而是一份为客户服务的伟大而有尊严的工作,是物流行业"最后一公里"的伟大实践者,也是京东飞速成长进步的最有力支持。

第十章　先人后企：每一个伟大的公司，都是由幸福的员工创造的

动什么，也不能动员工的到手利益

人非圣贤，孰能无过。企业管理者经常会碰到员工犯错的情况，比如上班迟到、工作出现失误、违反公司制度、拒绝与同事协作等问题，这时企业的惩罚制度就派上了用场。一个好的惩罚制度，需要达到这样的效果：既处罚了员工，又教育了员工，还要体现出公司的人性化管理。这就需要企业的管理者通过长期的管理实践去总结，建立在一定的素养、才能、知识、经验基础上的有创造性的管理技巧。

许多企业制定的惩罚制度都很简单粗暴，就是对犯错的员工进行罚款，大错大罚，小错小罚。罚款的确能够让员工记住错误，让员工不再犯错，但负面效应也很明显——员工努力工作变成了少被公司扣钱，而不是多挣钱，于是员工的工作热情也逐渐变淡。由此可见，简单粗暴的罚款对企业的发展是有害无益的。

比如，2016年"双11"大促后，快递量剧增，大量快递网点出现了爆仓情况，加上快递员工少，因此很多快递的配送延误了近半个月的时间。快递的延误自然引发了大量客户投诉，于是许多快递公司总部就对这些快递网点进行了巨额罚款，而快递网点又将这些罚款分摊到基层的快递员工身上，最终导致许多基层的快递员工因为无法承受大量罚款而选择离开快递行业，这就使得网点的经营状况更加艰难。

在京东却没有发生这样的情况，因为京东对基层的配送员从不采取简单粗暴的罚款。在刘强东看来，对基层的配送员罚钱是绝对不行的，因为京东的基层配送员大多来自农村，他们来京东工作的第一个诉求就是养家糊口，所以100块钱对他们都是天大的事，要是罚钱，就容易让他们产生抵触情绪。所以，京东的惩罚制度一向遵循一个原则：动什么，也不能动员工的到手利益。

那京东的基层配送员犯错了，怎么惩罚呢？

京东每天早上都要开晨会，总结前一天的业绩，公布当天的工作计划。晨会中就有一个环节：昨天谁犯了错，就在晨会上给大家表演个节目。这样既能让犯错的员工感受到做错事的尴尬，又不会过分伤害他的自尊。

当然，这是对于犯小错的配送员的惩罚措施。

如果配送员犯了更大的错误，又该怎么惩罚呢？京东还是坚持不能罚款，而是让快递员写500字的检查。快递员写不出来干着急，耽误送件赚钱的时间，其实就相当于罚了款，而且还让员工牢牢记住了错误，保证下不为例，但又不会引起快递员的反感，反而乐于遵照执行，这才是最高明的惩罚制度。

在京东的管理者看来，任何制度的设计都有其目的性，如果这个制度在达成目的的同时，引发了更大的管理问题，说明这个制度就是不合理的。因此，京东的管理者在制定惩罚制度时，永远都牢记一点：

惩罚错误并不是惩罚错误本身，而是通过惩罚这种方式将隐患消灭在萌芽状态，所以才会形成京东特有的惩罚文化——动什么，也不能动员工的到手利益。

做好优秀人才离职后的信息跟踪

企业未来的竞争,其实就是人才的竞争。为了在竞争中获胜,世界各国的大企业都在努力完善自己的聘用机制,以吸引更多优质的人才。但即便如此,企业每年仍有许多人才流失。许多企业发现吸引人才越来越难,因为人才的流动已成为当今时代的一大潮流。互联网行业更是被戏称为"铁打的营盘流水的兵",人才流动得特别快,每年互联网领域都有高管离职潮出现。

许多互联网企业一边不断地翻新招聘花样来引起求职者注意,一边却听任人才大量流失。然而,持续不断地大量招聘人才,常使企业疲于奔命,甚至导致企业效益下滑。有研究者发现,考虑所有因素,包括因为人才离开企业而失去的关系,新员工在接受培训期间的低效率等,替换新员工的成本甚至高达辞职者工资的150%。而且,替换新员工的成本还不仅限于此,知识也是一种资产,知识型人才的流失对企业造成的影响更是无法估计。

人才的流失是任何企业都不能避免的事情,但企业至少可以通过采取一些措施,去减少人才的流失,比如像京东那样做好优秀人才离职后的信息跟踪。

京东每年也有不少十分优秀的员工离开,而这些员工离职的原因,京东可能无法通过离职面谈来得到真实的原因。于是，京东决定让离职员工填写一个表：你愿不愿意在未来的时候再考虑回来。同时，这个离职员工的上级也会填一个选择项：你希不希望这个员工未来再回来成为我们的同事。京东通过将这两个信息一对照，把关键的信息进行跟踪，固定一段时间给这个员工打一个电话，问问他现在的职业发展状况怎么样，问问他现在回过头来再去想想当初之所以要离职，是因为什么困惑了他、他的痛点在哪里。通过对离职员工的一点一滴的关怀，京东的人力资源收集到了大量企业管理出现的问题，并促使所有管理者去关注、跟踪并且改善这些问题。

其实，京东不是第一家做离职员工信息跟踪的企业，也不是唯一一家，国外很多企业的人力资源管理都包含了离职员工管理这样一项职能，同时设立了新岗位——旧雇员关系主管，它的理论基础是，以前的雇员也是企业的重要财富。

"旧雇员关系主管"这个职位的主要作用就是负责保持与离职员工的联系和工作交流。他们会建立离职员工档案，根据企业战略需要邀请一些离职员工参加公司组织的各项活动，甚至在公司制定长期发展规划、业务方向和内部管理变动时也会征求某些离职员工的意见。最重要的是，公司还会为这些离职员工提供尽可能多的帮助，包括岗位培训、生活帮助等。事实证明，这种处理问题的方式是正确的，很多离职员工都成了原公司的拥护者、客户或商业伙伴，这对公司的发展有很大的好处。

全球最著名的管理咨询公司麦肯锡就深谙此道，所以他们在维护旧职员关系上投入了大量的资金。麦肯锡公司把员工离职称为"毕业离校"，并为这些前雇员创建了"麦肯锡校友录"，其中包括所有旧雇员的联系方式、个人基本情况以及职业生涯变动情况。这些离职人员当中，现在有的是上市公司的CEO，有的是华尔街投资专家，有的是教授和政府官员。麦肯锡公司与这些人始终保持着良好的关系。虽然麦肯锡知道让这些离职的人再回来是不可能的，但这些在各个方面都是精英的旧雇员们为麦肯锡提供了很多的商机。

如今，人才流动频繁已经不足为奇，面对离职员工，不同的企业管理者有不同的对待方式。有的企业管理者认为跳槽员工的"忠诚度"值得怀疑，所以，一旦员工跳槽，他们就会对这些员工避而远之，更不会说在返聘上下功夫。然而，有的企业管理者则认为要善待这些跳槽的员工，因为即使他们不能再次成为公司的一分子，但还是有可能为公司的发展出力。

其实，"返聘员工"已经成为越来越多大公司员工招募计划中的一个重要方面。企业之所以要返聘员工，是因为有两点好处：

1.返聘员工要比招募一个新手的成本低得多。雇用新员工需要支付招聘费用、培训费用和其他相关的业务耗费，而如果返聘员工，这一切都可以省去。

2.员工跳槽之后必然会有一番经历，他们的能力可以在不同的环境和工作中得到锻炼，回归之后对公司的忠诚度也会更高。

当然，企业在返聘离职员工时，也需要注意以下四个方面：

1.员工的离职初衷。如果员工当初离职，是因为家庭原因或个人发展需要等原因，而不是因为员工个人与公司发展发生冲突或是价值观背离、职业道德有缺陷等原因，就可以考虑返聘。

2.员工以往的工作表现。如果员工以前在公司的工作能力和工作表现都是良好级别，就可以考虑返聘。

3.员工重返公司的动机。在返聘某个离职员工前，一定要对他重返公司工作的动机进行详细调研，防止他是因为想要获取公司商业机密而重返公司。

4.是否有适合的工作岗位。如果公司有适合离职员工的岗位空缺，返聘离职员工就可以帮助公司减少招聘成本。

参考资料

李志刚. 创京东［M］. 中信出版集团，2015.

刘强东. 刘强东自述：我的经营模式［M］. 中信出版集团，2016.

刘强东. 第四次零售革命下的组织嬗变［Z］. 财经，2017.